乾隆晚景

——乾隆三部曲——

高王凌 ◎ 著

中国地图出版社

图书在版编目（C I P）数据

乾隆晚景 / 高王凌著 . —北京：中国地图出版社，
2019. 1
（乾隆三部曲）
ISBN 978-7-5204-0721-2

I . ①乾… II . ①高… III . ①乾隆帝（1711-1799）
- 人物研究 IV . ① K827=49

中国版本图书馆 CIP 数据核字（2018）第 199267 号

策　　划　王　毅
责任编辑　王　毅
地图编绘　姚维娜
出版审订　陈　宇

乾隆三部曲 · 乾隆晚景
QIANLONG SANBUQU QIANLONG WANJING

出版发行	中国地图出版社		
社　　址	北京市白纸坊西街 3 号	经　　销	新华书店
邮政编码	100054	印　　张	15
网　　址	www. sinomaps. com	版　　次	2019 年 1 月第 1 版
印刷装订	北京画中画印刷有限公司	印　　次	2019 年 1 月北京第 1 次印刷
成品规格	170 × 240mm	定　　价	49. 00 元

书　　号　ISBN 978-7-5204-0721-2
审 图 号　GS（2018）3911 号

如有印装质量问题，请与我社发行部联系，如有图书内容问题，请与本书责任编辑联系，
联系方式：dzfs@sinomaps.com。

目录

序言 四

壹 废弛之惑 一

贰 贪纵之谜 一三

叁 何来的历史机遇 三四

肆 无以承负的衰败 五八

伍 刘松龄笔下的乾隆十三年 七五

陆 乾隆朝经济史回顾 九九

柒 不一般的乾隆，不一般的十八世纪 一三五

捌 中国的现代化始于十八世纪吗 一六五

玖 高王凌、秦晖、马国川、金雁对话录 一八八

附录 乾隆三部曲出版大事记 一九八

参考文献 二〇六

编后记 史家唯一人：高王凌先生 二一八

序 言

当我提笔写这篇序言之时，就表明我的“乾隆三部曲”要出齐了。从《乾隆十三年》到《马上朝廷》，再到现在的这部《乾隆晚景》，一共三本。所谓三部曲，本应是一本书，是一齐写就（当然，也有个先来后到，一笑）。但我几乎从没打算把它们放在一起出版，叫作《乾隆》什么的。

明眼的读者一定早已看出，这几本书的篇幅前后长短不一，以致《马上朝廷》以三十年之久，不敌第一部之十三年。第三部《乾隆晚景》从第六次南巡（乾隆四十九年）之后写起，加上嘉庆的三年多时间，满打满算，也有近十五年，与《乾隆十三年》时间跨度约略相当，但篇幅就更短了。以致不得不加以多篇“论文”，难逃“滥竽充数”之讥。就其内容来说，这几本书仍是语多“含蓄”，许多问题似乎并未说透，也对它们的篇幅造成一定影响。也许，是笔者有意如此，也许，这就是我的文风，而非其他？也许，这样“含蓄”，恰说明我们所谓的历史，还是以猜测的成分居多。

显然，第一个阶段《乾隆十三年》已成为一个完整的故事，完全可以单独出版。它也是我最费心，下功夫最多的一段。它的创作始于三十年前，二十世纪八十年代，我还“困于”经济史的时期。当时的我对于乾隆朝的整个历史，相比现在而言，仍然缺乏了解。多亏出版社的几位朋友，独具慧眼，不但看中了它，还在它之后，连续推出两本，遂有了这个系列（所谓“乾隆三部曲”）。没有他们（特别是策划编辑王毅），恐怕写系列的想法还不可能。

但不管怎样，现在很多事情我都准备放下，不再“逞强逞能”。对于乾隆帝，我也不觉有那么多好写的了，所以此书篇幅只及前者三分之一。不是我累了，恐怕倒是乾隆帝累了，也老了。比起乾隆朝的前五十年，这成为他统治最为失败，最令人诟病的一段。虽然他的眼光还是那么犀利，手腕还是那么老辣，但“无可奈何花落去”，怕是有些力不从心了。

本书（《乾隆晚景》）与前两本的写法颇有不同，提出了几个方面的质疑，即针对四种成说提出不同意见，或是说与之“唱对台戏”。似乎是在为乾隆皇帝做一点辩护：他失败的原因，是不是因为政事废弛？或是官吏贪腐，或因和珅一人作祟？或因缺乏眼光，以致失去了一个可能的机会（如在国际贸易上）？诸如此类的机会是否存在？是不是在经济发展上已经途穷财尽，或因人口过多，而无可救药……这些好像都有一点似是而非，像又不像。

最大的争议，可能还是在于所谓的“政事废弛”。人们心目中想象的“专制集权”，在这个广土众民、具有高度“封闭”性的国家，其实谈何容易？就拿追捕逃兵一事来说，参考乾隆三十三年“叫魂”的案例，其关键的有名嫌犯，尚且不能坐实，何况第二次金川之役以来几次战争中成千累万的逃兵？乾隆十二年的教案，按说是最严厉的了，以致引起刘松龄一辈传教士的愤怒。但是根据最新发现的外国史料，却不难发现，好几个违法传教的外国人，都被地方政府保护起来，暗自遣送出境。所以我称其为一个“上下相蒙”的“二相世界”。看来，这是“帝国”的政事所需，是不可以戳穿的。

结果，自然是“令不行，禁不止”，拿乾隆朝前十三年与最后十三年相比，看来情况是大不同了。但又有谁能说出当日情况究竟如何？所以，我们还是按照古书存疑的办法，把问题摆在这里，让读者评判。在我看来，这里最重要的一点，是千万不要认为“真理都在自己手中”。

看来，要想对当日客观形势做出交代已不容易，更难的是写出当事人的主观心态，既写出一个朝代的历史，也写出个人的心路历程。

尽管乾隆帝依然精力旺盛、才力过人，但他最终仍不能不带着偌大的遗憾，告别这个世界，撒手而去。

我们的“乾隆三部曲”，也就此可以告结。

最后，关于小书的写法，似乎还有一些值得检讨之处。比如，像朋友所说，乾隆朝史事确实有太多可以用来“借古讽今”。但我的初意却不及此，同时，（至少从第二部起）也无太多的思想、理论想要表达，更多的还是期望读者自悟，如是而已。

在《乾隆十三年》里，其“中心思想”似乎还比较明确，各有独立的篇章。其后似乎就没有了。其实，我的打算就是接着讲述乾隆朝的故事，也不敢说是“标新立异”，而是表示乾隆朝历史还有这样一种写法，大约处处与他人不尽相同罢了。面对这样一个千姿百态、复杂的时代，不能不展现其不同的面向，有一是一，有二是二，不讳过，不忌善，不因人废言，不以过掩功，希望多少能还其“本来面目”，如是而已。

总之，这是一个处于“大转折”之中，并非能够“一言以蔽之”的时代。也可以说是一个“好坏参半”的年代，其间有正面的值得大书特书的一面，也有反面的令人愤懑难平的一面（愈是到这种时候，语气愈是应冲淡平和）。

不多说了，何况孔门主张“有来学，无往教”，我们已经批评太多（无论在“乾隆三部曲”的哪一部中），难道还要想改变谁人？

是为序。

壹

废弛之惑

从一开始，我就打算把乾隆朝的历史划分为三个阶段，每一部分都有不同的重点和自己的故事。把第一个段落划在乾隆十三年（或乾隆十五年），可能最难为大家所接受，但也可能最少被批评。对于第二个段落，按通常的意见，是把它的结尾划在王伦起事的乾隆三十九年（或是和珅得到信用的乾隆四十年，或是叫魂案发生的乾隆三十三年）。总之，大多数史书都没有把乾隆帝的最后十年作为一个单独的段落。

我这样做，实有几分是出于“讲故事”的需要，即相信乾隆朝的历史（尤其是政治史）可以按照一定的顺序，一点点讲下来，因此把六次南巡做成了一个大的单元（并不意味着南巡就特别重要）。这样做还有一个基本观点，即写《乾隆》应从某种政治史的角度，

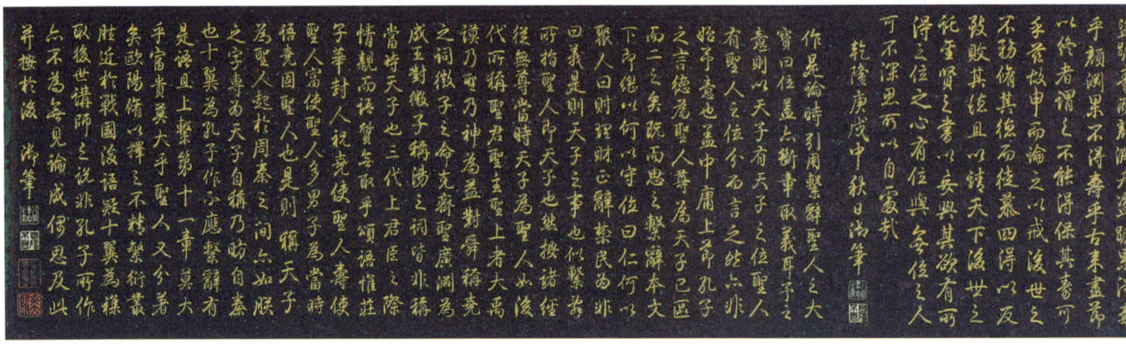

◉ 乾隆帝御笔《泥金书四得续论》

而不是社会史、经济史的角度出发。同时也是承认，乾隆朝的历史尽管很长（它已超过了一些朝代），但仍属于一种“事件史”，而非“长时段”的范围。

当然，这样或那样的划分总不是那么“科学”的，而带有相当的任意性和模糊性。无疑，有些后期的问题，在前一时期就已经存在了。

乾隆一朝的“衰败”（如果它存在的话）始于何时，这历来就是一个存在争议的问题。到了乾隆五十年时，对于那些“末世景象”，看来乾隆帝自己都有点感觉了。他多次发出谕旨，反复谈论有关问题。

乾隆五十年二月壬午谕：“前以各省逃兵，饬缉已十余年。两次加恩，予以展限，核其拿获。及自行投首者，仍属寥寥。曾经降旨将承缉、接缉、督缉之历任督、抚、司、道、州、县，俱分别议处议罚。原因此事历时已久，若年复一年，伊于何底？”

乾隆五十一年十一月己亥复谕：“前因各省承缉金川逃兵，屡经展限。核其拿获及自行投首者，仍属寥寥。原因外省于查缉要犯，全不认真，不过以海捕具文，因循塞责。因降旨将承缉、接缉、督缉之文武员弁，俱著革职留任，分别年限，方准开复。第念此内不无可用之才，且历时已久，所有此案各省之文武官员逃兵处分，俱著加恩宽免。”

乾隆五十年四月，诫谕内地官员勿踵元季尊崇喇嘛之习：“卫藏不远万里向化而来，朕以其修行出家之人，厚加赏赉，亦不过厚往薄来之意，原非若元季护庇番僧，致有詈骂割舌、殴打截手之事。现在地方官等不能仰体朕意，惟知回护处分，因循赔偿，转似畏怯，使无知之徒将以本朝或踵元季尊崇喇嘛之习，于风俗人心，大有关系，不可不防其渐。”

面对以下一些情况，乾隆帝也不免大感诧异，不得不作些自辩了。

乾隆五十年五月丙辰，谕：“豫省被旱地方较广，朕夙夜勤求，推原其故，实不可解。当今纪纲整饬，吏治肃清，亦不致有贪枉殃民之事。我君臣以及百姓，惟当反躬自责，以期潜消灾沴，感格天恩，冀得浓霄速沛。”

十月癸未，谕：“前因御史刘绍锦条奏各省保题卓异佐杂人员毋庸送部引见一折，经部议覆准，已依议行矣。而外间议论，将谓朕倦于庶务，殊失朕惟日孜孜之意。朕御宇五十年，综理万几，久而不懈。今虽年逾古稀，精神如旧。岂因数丞倅微员，而即倦于察看耶？”

乾隆五十一年，孝感发生了县民刘务孝等借贷粮食不遂，搬抢谷麦，旋有并未被抢之生员梅调元将其捉获拷问，并将二十三人活埋之事。

十月辛丑谕："此事大奇，殊出情理之外。上年湖北省被旱成灾，朕轸念灾黎，叠经降旨，蠲赈兼施。该督抚等，于赈恤事宜开销帑银至五百余万两。乃督抚以及布、按不能实心督率各属妥协料理，俾灾氓均沾实惠，以致有贫民乏食，抢夺米粮之事。居民竟敢纠众逞凶，活埋生命至二十三人之多。似此凶残不法，何事不可为？乃该署县秦朴经巡检禀报，既不严速查拿，并不通行详禀，有心讳匿。而该管道、府及藩、臬、督、抚等，亦俱置若罔闻，竟同聋瞶。是该省吏治阘冗，废弛已极。原任湖广、现任云贵总督特成额著革职拿问；永庆、王廷燮亦难胜藩、臬之任，俱著革职拿问；知县秦朴，著革职拿交刑部治罪；其该管道府，一并革职拿交刑部治罪。近年各省督抚，遇有交部议处降革之案，朕因一时乏人，多有从宽留任者。伊等习以为常，不知儆畏。此即水懦，为朕之咎。"

十月癸卯谕："今湖北省竟有此不法重案，吏治如此，实出情理之外，而籍隶湖北之御史等，并无一人奏及。本省舆论，本省之官，必有风闻，而得诿为不知，可乎？该科道等乃缄默不言，而第摭拾浮词，毛举细故，于国计民生，有何关系？倘各科道，因朕有此旨，遂心存挟制本省督抚，致令地方诸事掣肘，亦难逃朕洞鉴。"

乾隆五十三年七月谕："荆州沿江堤工，漫溃至二十余处，殊不可解。昨福建台湾文武员弁，因循玩愒，肆意贪婪，竟致酿成逆案（指林爽文起事）。湖北吏治，亦属废弛已极。活埋冒赈之案，相继败露。其办理盐务，辄敢私立匣费名目。大小官员，染指肥橐，累商滞课。今于承修堤工，又复一任劣员肥己误工，屡被冲溃。而此次江水竟至淹入城内，被灾甚重，满城淹毙者共四百余名，府城大小男妇淹毙者一千三百余名。其讳匿不报者，必尚不止此数，想来不下万余。”

御制题松下听琴图

但事实俱在，令人不能视若无睹。乾隆五十五年三月谕：“五十余年以来，朕于各直省地方事务，勤求宵旰，今已寿跻八旬，犹日孜孜弗懈。乃身为督抚者，惟知养尊处优，不以民事为重。凡遇刑名重案及城工等事，往往因循怠忽，辗转迟延。阳藉详慎之名，阴遂诿玩之计。即如直隶建昌县盗犯马十等行劫一案，系乾隆五十三年二月之事，获犯到案后，县令屡经更易，案犯迄无确供。及臬司提至省城，递委属员审办，并不亲提速结。事悬两载，该督刘峩置若罔闻，任其延宕。兹于山东途次，长麟奏定借帑修城章程，折内有金乡县城一处，系明兴任内勘估。事隔数年，何以至今尚未办理。迟延之咎，实所难辞。可见外省废弛积习，大抵相同。朕省方所至，经临直隶、山东二省，因得于两案洞悉情形，分别办理。想其余各省，似此玩延悬宕之案，或更有甚焉者。”

特别是在好几个省份都发现了严重的亏空。据嘉庆初年王杰说，“各省亏空之弊，起于乾隆四十年以后，州县营求馈送，以国帑为夤缘，上司受其挟制，弥补无期”。

乾隆五十一年二月谕：“据浙江巡抚福崧奏，浙省各属仓库亏缺之项，为数较多，实难依限全补。各省仓库钱粮，自皇考世宗宪皇帝御宇十三年，彻底清厘，大加整饬，将从前亏空积弊，一概湔除。皇考剔弊核实之苦心，至朕而竟有废弛，朕甚惧焉。浙省地方向无亏缺之事，乾隆四十六年、乾隆四十七年，王亶望、陈辉祖贪黩之案相继败露。经富勒浑等将浙省仓库亏缺之处据实奏明，朕因不值更兴大狱，是以降旨令其勒限弥补，已属失之姑息。乃历三四年之久，竟未弥补全完。国泰在山东肆行勒派，亏空至二百余万之多。业据明兴奏报，于二年限内，已经弥补全完。浙省大小地方官，恃朕有不为已甚之旨，竟敢玩视帑项，一味稽迟。”

又不免有几分疑惑。乾隆五十六年正月谕：“向来各省民人赴京呈控案件，都察院、步军统领衙门不敢壅于上闻，即行据呈转奏。朕勤求民隐，惟恐乡曲小民，含冤莫诉，每遇来京具控之案，无不特派大臣，前往审办。其中屈抑者固有，而近日不安本分之徒，见来京者控无不准，准无不办，赴愬求理者，遂觉接踵而来。及钦差大臣提集案犯，认真研鞫，所控情节，多属子虚。不过挟嫌逞忿，妄砌诬捏之词，冀遂其拖累之计。此等刁健讼棍，各省多有，而湖北湖南为尤甚。若不严加惩创，则枉累无辜，藉端倾陷之风，伊于何底？”

这时，偏偏有两个人站立出来，其中一个是窦光鼐，一个是曹锡宝。他们的作为，俨然是向皇上的至高权威发起了挑战。

由于浙江各属仓库亏缺较多，乾隆五十一年二月，命尚书曹文埴、侍郎姜晟、伊龄阿等驰驿前往浙省，将各州县仓库彻底盘查。

三月甲子，上谕：“曹文埴等奏，询据福崧称四十七年清查各属亏空，据报具奏共一百三四十万两。经节年弥补外，实有未完亏空三十三万余两，系一面之词，未足凭信。朕向不欲为已甚之举，亦不为姑息之政。至现在报出未完亏短数目，安知非该州县等，因有钦差查办之事，畏惧败露，始行设法弥补，以图掩饰一时？”

四月十二日，浙江学政窦光鼐奏称：“浙省仓库亏缺，前督臣富勒浑并未彻底查办，只据司道结报之数浑同立限，遇有升调事故，辄令接任之员出结。臣闻嘉兴、海盐及平阳三县亏数皆逾十万。”奏入，命其会同查办。窦光鼐又奏，仙居、黄岩等七县亏空多至累万，全未弥补，以致后任不敢接收交代。平阳知县黄梅借亏空科敛累民，丁忧演戏。再，藩司盛住上年进京，携资过丰，外间颇有烦言。乾隆帝以此案重大，遂命在清口督办河工之大学士阿桂即速前往，会同曹文埴彻底查办。

寻据阿桂等陆续奏闻，窦光鼐言皆不实。乾隆帝深感憎恶。闰七月初一日，窦光鼐又奏亲赴平阳访查黄梅亏空一事。乾隆帝降旨怒斥其固执辩论，意在必伸其说，蹈袭明季科道怀挟私见不顾国是之陋习，命交部议。新任浙抚伊龄阿参奏窦光鼐赴平阳后传集生监，逼写亲供，咆哮生事。乾

窦光鼐像

隆帝下旨将其革职。伊龄阿又参窦光鼐在平阳城隍庙多备刑具，传集该县书役，追究黄梅款迹。生监平民人等，一概命坐，千百成群，纷纷嘈杂。并哓哓执辩，有“不欲做官、性命不要”之语，命将其拿交刑部治罪。

乙未上谕：“看来窦光鼐竟系病疯，是以举动癫狂若此。如此乖张瞀乱，不但有乖大臣之体，且恐煽惑人心，致启生监平民人等，讦告官长，效尤滋事之风，不可不严行惩儆。仅予革职，不足蔽辜，窦光鼐著拿交刑部治罪。”

闰七月戊戌，事情急转直下，窦光鼐亲赴平阳，查出黄梅以弥补亏空为名，计亩派捐；每田一亩，捐大钱五十文；每户给官印田单一张，与征收钱粮无异；又采买仓谷，并不给价，勒捐钱文。莅任八年，所侵吞部定谷价与勒捐之钱，计赃不下二十余万。并据各生监缴出田单、印票、收帖两千余张，各检一纸呈览。

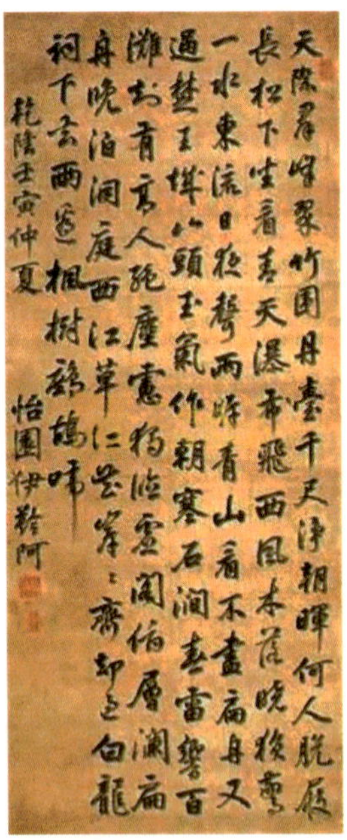

伊龄阿书法

上谕：“此事不为无因。若朕惟阿桂、曹文埴、伊龄阿之言是听，而置此疑案，不明白办理，不但不足以服窦光鼐之心，且浙省现值乡试，生监云集，众口藉藉，将何以服天下舆论？此事关系重大，不可不彻底根究。以此观之，则伊龄阿不免为属员所欺矣。朕与阿桂可受其欺乎？必应审明。朕不回护，惟有大公至正而已。”

作为一个皇帝，他必须与臣下（更不用

说众人）有所不同，且有其特别的理路和做派，这种道理，自先秦诸子即发明了；但另一方面，皇帝又“抬不过一个理字”，要表现出“大公至正”，而且，几乎所有谕旨都要公诸天下，包括其理由和基本情节。这使皇帝很难为所欲为，一手遮天。

乾隆帝可能从来就不喜欢窦光鼐，放他出来做一任学政，有职衔而无实权，如此而已。偏偏他不安本分，硬是插手去盘查本省亏空。这不但惹恼了钦差，惹恼了全省官员，甚至激怒了皇帝。

窦光鼐锲而不舍，终于查清了真相，将皇帝置于一个尴尬的境地：难道为了一个小小知县而一再屈抑一位二品大员？

上谕：“朕岂肯稍为回护，将就留此疑案，颟顸一事？而阿桂前往查审，又岂可回护原办，俾贪污败检之劣员，仍得幸逃法网乎？亦不值为此劣员任咎也。而窦光鼐执辩不挠，独能列款入奏，虽其举动乖张，固有应得之咎，而始终不肯附和，亦属人之所难。非朕之憎窦光鼐也。”

九月丁亥，谕：“节据伊龄阿等奏称，窦光鼐哓哓执辩，咆哮生事，并有不要性命，不可做官之语，亦殊乖大臣之体。所奏黄梅匿丧演戏，及侵用廪生饩粮，并短发银两，三款属虚。其余三款，已为确实。是窦光鼐亦不得为无过，是以现在只令署理光禄寺卿。若无此等情节，朕必将伊仍以侍郎补用矣。”

窦光鼐原任吏部侍郎，现在显系贬抑了，尽管他揭开了浙省亏空的盖子。

就在这一期间，还发生了御史曹锡宝参奏军机大臣和珅家人刘全衣服、车马、房屋逾制一案。

曹锡宝，乾隆二十二年进士，深得阿桂赏识。乾隆五十一年六月，曹锡宝疏劾和珅家奴刘全“恃势营私，衣服车马居室皆逾制”“苟非侵冒主财，克扣欺隐，或借主人名目，招摇撞骗，焉能如此”？所劾刘全是和珅的得力管家，已成为京城屈指可数的暴发户，置有房屋一百多间，开当铺数座，家产累计白银二十余万两。时和珅当道已久，内外大臣中无一人敢投鼠者，闻曹锡宝此举，皆咋舌噤不能吐气，一二有心人惟仰屋窃叹，皆曰祸且不测矣。

曹锡宝奏疏送抵御前，乾隆帝正在避暑山庄，遂诘问伴驾的和珅。和珅却胸有成竹地请求皇帝“严察重惩”，原来消息早已走漏，通风报信的正是曹锡宝的同乡兼挚友吴省钦。曹锡宝在上疏前曾找他商议此事，孰料吴氏已暗中投靠和珅门下，因而通知刘全把逾制的房屋拆除，其他违制物品转移。

纪昀像

因此曹锡宝受到皇上的指斥：“或其意本欲参劾和珅，而又不敢明言，故以家人为由，隐约其词，旁敲侧击，以为将来波及地步乎？或竟系纪昀因上年海昇殴死伊妻吴雅氏一案，和珅前往验出真伤，心怀仇恨，嗾令曹锡宝参奏，以为报复之计乎？”

“挟嫌报复”一说的起因，缘于海昇杀妻案。乾隆五十年四月，军机章京、员外郎海昇殴死其妻，以自缢报，妻弟贵宁以其杀妻告官。刑部奏派左都御史纪昀会同刑部侍郎景禄、杜玉林带同御史崇泰、郑澂等前往开棺检验，以实系自缢回奏。贵宁以海昇系大学士阿桂姻亲，刑部显有回护，复往步军统领衙门具控。

乾隆帝命和珅、曹文埴复审此案，和珅在验尸时发现他杀痕迹，纪昀因此受到皇帝斥责。此时乾隆帝竟把曹锡宝疏劾刘全同审理海昇一案联系起来，事已至此，曹锡宝只有一再认罪，以免株连纪昀等人。曾是海昇上司的阿桂，亦因替海昇作过辩护而受到罚俸处分。皇帝还有言外之意，似乎阿桂便是曹锡宝的最大后台。

于是，乾隆帝命曹锡宝革职留任，又在明发上谕中嘲讽曹锡宝人格卑劣，谓其参奏刘全，“盖今年为乡试之年，伊不过欲因进摺或记其名而出差耳，所见甚鄙”。两年后，曹锡宝郁郁而亡。

嘉庆四年新君亲政，赐令和珅自尽，追念曲突徙薪之功，惟锡宝一人而已，颁谕曰：“故御史曹锡宝，尝劾和珅家奴刘全倚势营私，家赀丰厚。彼时和珅声势薰灼，举朝无一人敢于纠劾，而锡宝独能抗辞执奏，不愧诤臣。今和珅治罪后，并籍全（刘全）家，赀产至二十万，是锡宝所言不虚，宜加优奖，以旌直言。”曹锡宝被追赠副都御史。

敢作敢为的人还有几个。乾隆六十年，从江南道御史转为兵科给事中的谢振定，在巡察京城时发现和珅妾弟乘坐和珅之车，横行街头，将其拿下带回讯问，因其出言不逊，令衙役痛责之；更以此车不堪大学士复坐而将其烧毁。谢振定也因此而被罢官。

据《清朝野史大观》载，乾隆五十七年，和珅遣番役四出侦事，持兵刃为暴民间，官吏莫敢问。一日至山东博山县，饮博恣肆，知县武亿擒而杖之，卒以是去官。博山民若失慈母，而和珅亦不复使番役出京师矣。

由此看来，乾隆五十一年可谓多事之秋。就在这一年闰七月，钦命和珅补授文华殿大学士，管理户部兼管吏部尚书事务。和珅受乾隆帝宠幸，此刻已近十年。

贰

贪纵之谜

到了乾隆后期，贪纵究竟到了什么程度？当时吏治之坏，又表现在哪些方面？这一疑问可能早就存在了。嘉庆初年，编修洪亮吉曾奏陈乾隆季年弊政曰：“十余年来，督抚藩臬之贪欺害政，比比皆是。”以布衣言事的章学诚更批评说：自乾隆四十五年以来，“和珅用事，几三十年”“上下相蒙，惟事婪赃渎货，始如蚕食，渐至鲸吞”。

然而据当时史料记载，这一时期的贪纵似乎并没那么严重，至少没有出现像之前李侍尧、王亶望、国泰、陈辉祖案那样的大案要案，而且案件数量也不算多。

还是在乾隆五十一年，两广总督富勒浑案发。富勒浑是宰辅阿桂的族孙，举人出身，从乾隆二十八年开始先后就任多省督抚要职。

和珅像

在乾隆二十八年、乾隆三十年及乾隆三十五年的大计中都被列为卓异。

乾隆五十一年五月，上谕："今春（原两广总督调任工部尚书）舒常回京，于五台途次召对，询以各省督抚声名。舒常即称富勒浑操守平常。朕疑信兼半，及（粤海关监督）穆腾额来行在陛见，复经面询富勒浑居官办事如何。伊止言现在总督中操守可信者，惟李世杰、萨载而已。至于富勒浑之操守，不敢深信。因令军机大臣详加询问，方将伊家人长随在外居住，招摇生事情节说出。而于如何受赃舞弊之处，亦无指实。

"今据（广东巡抚）孙士毅节次查奏，富勒浑竟与其仆殷士俊等关通婪索，赃迹累累。富勒浑漫无觉察，已属形同木偶。乃富勒浑因点派各口岸，令书役等摊缴银一万九千六百余两，交进督署；又因应解河南充公银二万两，暗令督标千总杨中兴等潜赴福建，向省城道员衙门支取解豫。是富勒浑一则先侵后吐，一则身已离闽，尚有私囊存寄，其操守果不可问矣。富勒浑受朕深恩，种种情节，殊出情理之外。朕从来不肯存逆诈亿不信之见，而不肖者营私骫法，自然败露，朕亦不能稍为曲贷。此实朕用人不得已之苦心，中外臣工所共见共闻。

"然朕细思之，为大臣而受家人之累者不少，而惟旗人更多。即如福隆安家人富礼善殴命顶凶一案，福隆安心存庇护。经朕特派大臣审明，将富礼善抵法，并将福隆安治罪。此亦福隆安平日不能管束家人，致伊等恣意妄为，自蹈法网，累及伊主。并致家遭回禄，身亦短折。

◉ 福隆安像

“可见此辈宵小奴隶，获罪于天。福善祸淫之理，捷如影响。其实欲庇护家人，适足自贻伊戚；而藐法家奴，仍致自罹大辟。福隆安幸而在京供职，近在辇毂之下，是以败露旋踵；若使擢用外任，则富礼善之恣纵妄为，岂在殷士俊等之下。而福隆安之受其累者，亦未必不如富勒浑之甚，而朕亦不能曲护也。”

据朝鲜来华使节记载，福隆安之死，与其家人杀人顶凶案有关，因此乾隆帝怒责，“隆安惶惧成疾身死”；福隆安既死，“和珅宠遇愈隆，威势日加”。

然而，对富勒浑一案的审理却相当棘手，因为很难抓到真凭实据。其一，富勒浑的家仆殷士俊等咬定所收门包、勒索钱财全部归己，其主人并未染指；其二，富勒浑极为诡诈，稍一得到风声就先侵后吐。他越过粤海关让各口岸预交银两，收入私宅，累计一万九千余两，当得知消息后，即将此项银两移交海关监督解京充公。

尽管富勒浑及其家人为此案的审理设置许多障碍，但个中许多疑点是其主仆无法解释的：殷士俊以微贱长随，富勒浑若果无知情故纵，地方官吏见其久而不灵，断不肯多给银钱，岂能积赀累万？

于是福隆安、富勒浑家人违法都被治罪，事后，富勒浑长随殷士俊、家人李世荣借主人名目招摇滋事，俱即行处绞。

殷士俊罪款：勒派洋商潘文岩等分买人参一斤，浮卖价银四千七百两；从李世荣手得各州县门包银二百两、番银四百圆。

李世荣罪款：富勒浑到任，众盐商逐日赴辕守候，被李世荣拦住不与通传，无奈送花银一千圆，方准各回安业；令洋商购买钟表、大呢、哔叽，价值三百二十圆；随同富勒浑由浙进京及回任，经过浙江各州县，索取门包银一千二百两，又经过福建建宁等州县，索取门包花银一千二百余圆，又入广东各州县，索取门包花银二千三百余圆；索取口岸书役门包银三千二百余两。

惟和珅家人绝不可动，其理何在？如许指严在《南巡秘记补编》中云："高宗天姿明敏，实有察奸之才，而始终蔽于和珅，其故诚不可解。"

富勒浑被判处绞监候，其实是监而不绞，几个月后即被开释。富勒浑勒索属下商民的确凿证据，直到该案发生九年之后，乾隆六十年审理浙闽总督伍拉纳贪赃受贿案时，才一并被揭露。据浙省盐商供认：富勒浑任浙闽总督时，"曾索取盐商等银五万五千两"，然而此时富勒浑已然一命归西。

乾隆五十一年十月，训饬封疆大吏，谕："今春密谕孙士毅据实查奏，彼时和珅即在朕前奏称不如将富勒浑调回，徐行查案，即可不至遽兴大狱。是和珅未免意存消弭，为回护富勒浑地步。富勒浑在粤时，朕谕令查讯，乃敢咆哮剖辩，悖戾之气，形诸词色。并有我若得罪，合省官无一得免者。此何言耶？朕敬思皇考世宗宪皇帝临御十三年，纲纪肃清，内外臣工，亦俱小心惕励。其时封疆大臣，以奸贪犯法者，止年羹尧一人。

年羹尧像

“朕御极五十余年，未尝不时时以整饬官方为务，而贪纵骫法，如恒文、蒋洲、良卿、方世儁、王亶望、国泰、陈辉祖、郝硕诸人，接踵败露。此皆朕水懦民玩，而用人不当，未尝不引以自愧。嗣后各省督抚，务宜整躬洁己，严肃驭下，以前事为戒。设有不知儆惧，仍蹈覆辙，一经败露，朕必执法重惩。毋谓宽典可以幸邀，朕恩可以长恃也。”

乾隆帝是一直“宽纵”的吗？似乎又不是。乾隆五十四年闰五月，巡漕御史和琳奏参湖北臬司李天培派令漕船分带桅木，乾隆帝命将李革职拿问，交大学士阿桂会同湖广总督毕沅等严行究办。查出湖北帮船附带桅木一千八百根，内八百根系两广总督福康安托付李天培所购，小杉木一千余根系李自买。后据研究，如嘉庆帝所论，“此案并非和琳秉公参劾，实系听受和珅指使，为倾陷福康安之计”。

由于此案事涉勋戚大臣福康安（福隆安、福康安皆傅恒之子），乾隆帝前后所降谕旨达数十道之多，长者达数千言，反复申谕对功臣勋戚固宜保全，但不能因其曾著微劳不加究治。对阿桂及毕沅等大臣官员始而力图隐匿消弭，案发后又揣摩旨意欲瞒混了结，则屡加严斥，并严旨饬谕福康安自劾。福康安奏称，接奉谕旨，战悚恐惧，无地自容，恳将公爵及红宝石帽顶、双眼花翎、四团龙褂，黄带紫缰全行撤回，并将协办大学士、吏部尚书、两广总督概行革去，仍请罚缴总督养廉。

其后几年，揭发出来的案件就更少了。乾隆五十八年，福州将军魁伦密奏闽省仓储不实，开始追查福建自督抚以下大小官员侵挪婪贿等罪款。经数月究讯，始查明革任总督伍拉纳任内收受盐规十五万两，革任巡抚浦霖索要盐规二万两。在浦霖原籍查抄出金锭、金如意等七百八十余两，银二十八万四千余两，银圆一万三千余枚，另有朝珠、玉器、珊瑚、宝石、字画、自鸣钟表无算，仅三镶玉如意即有一百五十七柄，其余房屋地契不在此数。伍拉纳家赀亦至三四十万之多。嗣将伍拉纳、浦霖浦解京，乾隆帝亲加廷讯。军机大

清代官员服饰

臣会同刑部将二人问拟斩候，请旨即行正法。其主要罪款之一，即隐瞒通省亏空。

福建亏空由来已久，乾隆五十五年藩司伊辙布禀告库帑实亏银一百零五万两，伍拉纳令少报七十万两，随后陆续亏缺至二百五十万两以上，各属库帑亏短约计不及应贮帑银十分之二。

十月乙酉，上谕："从前陈辉祖、国泰、郝硕等虽皆败检逾闲，自干法纪，然陈辉祖止系偷换官物，国泰等亦罪止勒索属员，而于地方事务，及缉捕盗匪等事，尚未大至废弛不办，是以从宽赐令自尽。今伍拉纳、浦霖在督抚任内，婪索盐规，或尚可恕；其收受属员馈送，赃累巨万，甚至人命重案，竟敢藐法徇情，拖毙无辜十命，而于洋面盗匪又并不认真缉拿，以致盗风日炽。且伊辙布串通库吏，侵亏帑项，钱受椿延案勒贿，拖毙多命，种种营私舞弊，伍拉纳、浦霖竟置若罔闻，一任肆行无忌，加之信任。是其上下通同分肥饱橐，置民生吏治仓库钱粮于不问，情罪已属显然。命照所拟，将伍拉纳、浦霖即行处斩。"据崇彝《道咸以来朝野杂记》：伍拉纳一案，"盖和珅陷之也，其诸公子皆戍伊犁，至嘉庆四五年始释回"。

并降旨自责："此皆由朕数年来率从宽典，以致竟有如此婪赃害民之督抚，朕当先自责己。嗣后各督抚等益当齐矢天良，倍加儆惕，倘不知洁己奉公，再有废弛婪索等事，伍拉纳、浦霖即其前车之鉴！"原任闽省臬司钱受椿，则令在省城集众官先施刑夹板责，然后监同正法。以归政大典在即，谕示不必辗转根究其他福建地方官员。或谓，乾隆帝最恶朋党，恐御史摭拾风闻以倾倒人也，例不多重惩，率捡一二卑员薄惩，敷衍台官而已。

不难看出，乾隆中期以来的贪污案件，其贪污款项已大大超过以前，所谓大案已经从几万两猛增到几十万两乃至上百万两；贪污已经从个人行为变成集团行为，一旦有人犯案，其上下左右就有一大批人露出贪官的本来面目。大计、京察、弹劾机制等监察体系，则很难冲破贪官污吏所结成的保护网。

伍拉纳、浦霖案成为归政前乾隆帝力图整肃吏治，而亲自处理之最后一起贪污大案。此时距预定嘉庆元年举行的内禅大典不过一个多月光景，乾隆帝既想给自己一生从严惩贪画上一个圆满的句号，也不无垂范后世子孙之深意。

在此前不久，还发生了浙江巡抚福崧案。

乾隆五十七年腊月，两淮盐政全德密奏，上任才五个月的两淮盐运使柴桢将商人王履泰等五人应纳钱粮在外截留，作为已收，私自移用共二十二万两，运往浙江，弥补其在浙江盐运使任内亏空。使乾隆帝感到不解的是，柴桢任浙江盐道甫及一岁，为何亏空竟如此之多，“必另有别故，非伊一人侵用可知”。他怀疑的第一目标就是浙江巡抚福崧，“福崧若非与柴桢通同连手，焉肯代为隐忍，不行参奏”。

情况确如乾隆帝所料，上述二十二万两亏空至少有十一万两是因巡抚福崧勒索所致。令他及办案人感到困惑的是，查抄福崧、柴桢家产时并未能起获赃银。柴桢原籍只有房屋三处（一处系祖传），现银百余两；而福崧京城的住宅未能起获财产，在任所只抄出存银一千四百两。虽然皇帝怀疑彼等可能转移财产，但经多方调查，未能找到线索。于是再次提审福崧，问其“将财物寄顿何处，并所得盐务银两如何花销”。福崧的交代，却发人深思。

据福崧供称：“我于（乾隆）四十六年间，因在兰州办理撒拉尔军需，代赔滥支无著银十一万二千六百余两，系奉旨于养廉银内扣五成；又督缉逃兵案内议罚养廉银一万四千两；又分赔陈辉祖漏报海塘字号及湖神庙工共银六千九百余两；又五十一年清查仓库，分赔留抵银四万七百两零；又奉部著赔范工塘石坝等工不准开销银四万两；又赔南新关缺少银三千五百余两；又五十一年署理山西巡抚任内，自行议罚银二万两；又五十四年失察抵换叶尔羌玉石案内议罚养廉银一年，银一万两；又开复处分等案应罚养廉银三万两以上。以上共罚赔银二十七万八千余两，所有应支养廉银，历年未敢支领，俱全数扣缴并自行凑交，计前后共完过银约十四万两，尚未完银十三万八千两。我如果有存积赀财，自必先清官项，岂敢欠至如许之多？”

柴桢截留挪用库银的原因是多方面的，其中既有巡抚勒索，又有种种陋规（盐道衙门例来为巡抚办物，督抚衙门书役的办公费用及饭食补贴均由盐道所出），也有公项报销，动辄不予报销，由承办官员包赔所致。

对福崧来说除上述因素外，还有被停发养廉银、交议罪罚银等方面的问题（福崧又是在停发养廉银的情况下缴纳议罚银及包赔不予报销的公项银两的）。停发养廉银的做法，即可能使一些并不太贪婪的官员也变得不择手段捞钱。

福崧、柴桢在清代官员中算不上贪婪饕餮之辈，但他们无法摆脱官场陋习的侵袭，也无力改变种种陋规的制约，无论是截留挪用，还是勒索下属，到头来也只是饮鸩止渴。

结果，福崧、柴桢都被正法。《啸亭续录·吴雅中丞》谓福崧系廉吏，因不能贿通和珅，被陷害致死。《清史稿》则沿袭昭梿之说，亦云“福崧为巡抚，治事明决，御属吏有法度，民颂其治行。其得罪死，颇谓其忤和珅为所陷，尤虑至京师廷鞫，或发其阴私，故以蜚语激上怒，迫之死云”。

上述几个案件都反映出当时官场中的腐败，其中特别提到了议罪罚银。督抚及盐政、织造、税监等遇有过误自行议罪罚银，创行于乾隆中，二十余年以来变本加厉，成为乾隆季年败坏吏治的秕政之一。乾隆五十五年十一月，内阁学士尹壮图请停罚议罪银，奏称：“近来督抚获罪，不即罢斥，罚银数万以充公用，因有督抚等自请认罚若干万两。在桀骜之督抚借口以快饕餮之私，即清廉自矢者，不得不望属员佽助，日后遇有亏空营私，不容不曲为庇护，请永停罚银之例。”

据研究，乾隆四十年以后，缴纳议罪银已经成为对稍有过失(或本无过失)官员进行惩处的惯用方式，议罪银的数额也从原来的一二万两增至数万两乃至数十万两，其目的已从小示惩处变为聚敛钱财。据不完全统计，从乾隆四十六年至乾隆五十一年，缴纳议罪银的就有二十五人次：

乾隆四十六年至乾隆五十一年缴纳议罪银的官员 单位：万两

时间	官员	议罪银	官员	议罪银	官员	议罪银	官员	议罪银	官员	议罪银	官员	议罪银	官员	议罪银	官员	议罪银
乾隆四十六年	三宝	11	陈辉祖	3	闵鹗元	4	文绶	8								
乾隆四十七年	巴延三	8	杨超铮	5	王杲	3	盛柱	3								
乾隆四十八年	西宁	8	姚成烈	3												
乾隆四十九年	巴延三	10	范清济	8	李天培	4	伊龄阿	3	尚安	4						
乾隆五十年	李质颖	14	张万选	3												
乾隆五十一年	雅德	6	明兴	3	福崧	20	郑源	6	特成额	2	刘峨	2	梁肯堂	1	吴之承	3

上述缴纳议罪银官员，其中大部分是因失职所酿，如“船只缺少，不能筹划”“税务缺少”“商人拖欠甚多”“遣犯脱逃，重囚监毙”“监犯越狱”等。也有一些人因受亲属牵连，像陈辉祖、闵鹗元、杨超铮、吴之承等均属此类。

其后迫于舆论压力，乾隆帝曾于乾隆五十八年明令“嗣后各督抚有咎应革职应行议罚者，著即自请停支养廉，不必另行议罪”，实际上照旧罚议罪银。

有一个值得注意的情况是，其中不少官员缴纳议罪银均由和珅代奏代办，如李天培、福崧、郑源、杨超铮等。议罪银的数额虽说是自定，但绝大多数官员都要设法了解皇帝意图，在自身能承受的条件下尽量办得让皇帝满意。相当一部分人走和珅的门子，为此他们也要破费一些财物，以便寻找到一个最接近皇帝意愿的数额。伴随着议罪罚银的广泛实施，必然为和珅提供一个弄权的机会。如上

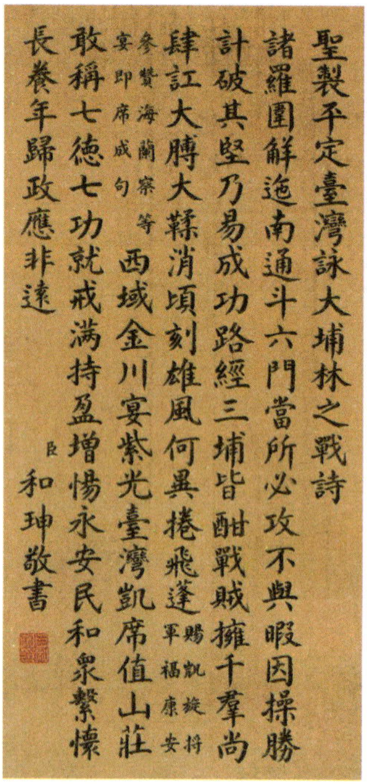

◉ 和珅书法

所述可知，议罪罚银虽非和珅所创，但和珅却是一个积极的推行者。

乾隆五十五年十一月，上谕：“尹壮图虑有此等情弊，固属不为无见。殊不知朕之简用督抚，皆因一时无人，而又非犯侵贪徇庇之过者，偶有过误，往往弃瑕录用，量予从宽。即或议缴罚项，皆留为地方工程公用，亦以督抚等禄入丰腴，而所获之咎，尚非法所难宥，是以酌量议罚，用示薄惩。

“其案情重大，如富勒浑、雅德、闵鹗元诸人，一经罢斥，即不能复邀起用。甚至骫法营私，贪婪败检，有若王亶望、陈辉祖、国泰、郝硕等，无不按律惩治，立寘典刑，未曾但示罚而复用也。此朕权衡情罪，一秉至公，或重或轻，惟视其人之自取，并非封疆大吏身获罪愆，概得以罚锾幸免。

“尹壮图今折内只系空言，并无佐证。著将所指之督抚何人，逢迎上司者何人，藉端勒派，致有亏空库项者何人，即令指实参奏。朕必严加究讯，重治其罪，决不稍存姑息。朕从来不尚虚词颟顸了事，尹壮图不得以风闻取誉也。”

丁酉，谕：“尹壮图覆奏：各督抚声名狼藉，吏治废弛。经过各省地方，体察官吏贤否，商民半皆蹙额兴叹。各省风气，大抵皆然。

“朕披览再三，折内并未指实一人一事，仍系摭拾浮辞，空言支饰。至折内所称伊经过之直隶、山东、河南、湖广、江、浙、广西、贵州、云南等省，商民半皆蹙额兴叹之语，竟似居今之世，民不堪命矣！尹壮图又请简派满洲大臣，同伊密往各该省盘查亏空。不但朝廷无此政体，且各省吏治不同，库项充盈者无藉盘查，即或偶有亏缺之处，一闻钦差起程信息，早已设法弥补，名曰盘查，仍属有名无实。在尹壮图之意，亦知事有难行。不过自揣学问、才具均属平庸，内而不能升用侍郎，外而不能简派学政，至尚书、督抚之任更难梦想，欲借此奏见长，或幸录用。又可假盘查为名，沿途吓诈，希得佽助，可以名利兼收。此等居心，岂能逃朕洞鉴？

“朕自御极以来，迄今已五十五年，自谓勤政爱民，可告无愧于天下。而天下万民，亦断无泯良怨朕者。兹距归政之期仅有数载，犹恐年耄倦勤，稍有弛懈，惟日孜孜，冀仰答昊苍鸿贶。每于召见内外大小臣工时，以朕办理庶务情形，时加谘访。佥称朕精神强固，办事日益勤励。若如尹壮图所奏，则大小臣工等皆系虚词贡谀，面为欺罔，而朕五十余年以来竟系被人蒙蔽，于外间一切情形全无照察，终于不知矣。”

“朕五十余年以来竟系被人蒙蔽”，如此一来，岂不是要把数十年的乾隆之治一笔抹杀了？而且近年之蒙蔽者，不是和珅，又会是何人呢？

己亥，又谕：“昨据尹壮图谓普天之下，民不堪命，竟至疾首蹙额，互相告语，怨及朕躬。则断断无此情理，朕实不肯受其咎。朕自缵绪以来，普蠲天下钱粮者四，普免各省漕粮者二，偏灾赈恤，蠲贷兼施，以及修筑海塘河工，为民御灾捍患，为数何止数千万万。凡泽民之事，敷锡愈多，恩施愈溥。此不特胜国所无，即上溯三代，下讫宋元，亦复罕有伦比。

“惟愿我万世子孙，以朕之心为心，以朕之政为政，勤求民瘼，益广仁恩，俾我大清亿万年景祚绵长，天下臣民，亦永荷无疆之福。此实朕之深愿也。夫以朕之爱养斯民如此其厚，天下万民无不身被膏，共知感戴，是尹壮图身为大员，曾乡曲小民之不若矣。

“今已令侍郎庆成带伊前往所指书麟管理之山西省，切实盘查。如果有仓库亏缺，即当追问亏缺之由，严加究办。倘有代完巡抚罚项情弊，朕必将书麟及佽助之属员从重治罪。若所盘查仓库，毫无亏缺，则是尹壮图以捕风捉影之谈，为沽誉邀名之举。不但诬地方官以贪污之罪，并将天下亿兆民人感戴真诚，全为泯没。而朕五十五年以来，子惠元元之实政实心，几等于暴敛横征之世。试令尹壮图清夜扪心，亦何忍为此耶？”

真乃“是可忍孰不可忍”！

随后在山西大同、太原的盘查，一如乾隆帝所料，毫无结果。地方官员已预知盘查，且庆成每至一地，初不急为盘查，而先游宴终日，待其库藏挪移满数，然后启之榷对，故所至皆无亏空。盘查仓库一事，据昭梿所记系和珅有意陷害尹壮图。

《啸亭杂录·尹阁学》条载：“时和相专擅于内，福文襄（康安）豪纵于外，天下督抚，习为奢侈，因之库藏空虚，民业凋敝。公（尹壮图）夙知其弊，故上疏详之，纯皇帝为之动色。和相忌公所为，因奏即命公驰传普查天下府库亏空，而令侍郎庆成监之”云云。

上谕："山西一省，查无亏缺，恐不足以服其心，著庆成带同顺道前往山东及直隶正定、保定等处，切实盘验。若言近省尚无侵亏情弊，即照伊折内所指各省，遍历详查，亦无不可。"

复谕："至尹壮图前奏有密查亏空一语，所见尤谬。京中派往大臣，原不能掩人耳目。若令改装易服，密往访查，国家更无此政体。倘以督抚藩臬皆不可信，简用之封疆大吏以及监司方面尽人可疑，独似尹壮图之一二人，可以寄之心膂乎？万一并此一二人而疑之，是辗转生疑，朕将不能自信。"

命将尹壮图革职拿问，大学士、九卿遵旨审讯，尹壮图"伏地碰头痛哭，战栗悚惧"，自请从重治罪。大学士等援照"挟诈欺公，妄生异议律"，问拟斩决具奏。降旨称尹壮图虽逞臆妄言，亦不妨以谤为规，不值遽加之重罪，命免死以内阁侍读用。寻改礼部主事，尹壮图即告终养归。八年后，新君亲政，尹壮图冤抑才得昭雪。

◉ 尹壮图像

嘉庆四年正月二十八日谕："从前原任内阁学士尹壮图曾以各直省仓库多有亏缺，借词弥补，层层朘削，以致民生受困之处，具折陈奏。其事虽查无实据，而所奏实非无因。似此敢言之臣，亟宜录用"，令其即行来京候旨擢用。四月，尹壮图驰驿至京，又谕："彼时各督抚等冀图蒙蔽，多系设法挪移，弥缝掩饰，遂致尹壮图以陈奏不实降调回籍，此皆朕所深知。”

乾隆末年，大案要案并不很多，受到处治的官员也较前为少，贪纵的现象是否有所好转？恐怕也不一定，因为还有一个最大的贪官和贪官的保护者和珅。

嘉庆四年正月己卯谕：“教匪聚众滋事，皆以官逼民反为词。昨冬贼首王三槐解到审讯时，供词内亦有此语。朕闻之殊为恻然，是以暂停正法。我国家百数十年来，厚泽深仁，周洽寰宇。皇考临御六十年，无时不廑念民生，痌瘝在抱。普免天下钱粮漕粮以及蠲缓赈贷，不啻亿万万。凡所以惠爱闾阎者，至优极渥。朕仰承付托之重，夙夜兢兢，视民如伤，一夫不获，宵旰殷怀。岂忍令数省苍生，罹于锋镝哉。百姓幸际昌期，安土乐业，若非迫于万不得已，焉肯不顾身家，铤而走险？总缘亲民之吏，不能奉宣朝廷德意，多方婪索，竭其脂膏，因而激变至此。然州县之所以剥削小民者，不尽自肥己橐，大半趋奉上司。而督抚大吏之所以勒索属员者，不尽安心贪黩，无非交结和珅。是层层朘削，皆为和珅一人，而无穷之苦累，则我百姓当之。言念及此，能不痛心？”

尹壮图也说，乾隆晚年“上下通同一气，势不容不交接权贵以作护身之符。此督抚所以趋奉和珅，而官民受困之原委也”。

或曰，尽管清朝不设宰相，但历来参与机密者，实秉钧衡之任，故宰辅良否，天下安危系之。乾隆初政，皇帝身边都是一些元老重臣，如鄂尔泰、张廷玉等。于是年轻的皇帝开始培养自己的班底，其中佼佼者即讷亲、傅恒（皆满洲亲贵）。讷亲“统理吏户两部，入典宿卫，参赞中枢，兼以出纳王言”（在军机处独自承旨），“以一人之身，兼理数处，且时蒙召对，晌用方隆”“官员奔走恐后，同僚争避其锋”（刘统勋疏劾语）。

《啸亭杂录·杀讷亲》：“上即位初，以讷亲为勤慎可托，故厚加信任。讷人亦敏捷，料事每与上合”；《郎潜纪闻·二笔·讷亲之功过》：“讷亲虽功名不终，其识量才猷，殊非拱默私禄者可比，宜高宗之异常眷倚也。”

但好景不长，乾隆十三年金川之役，讷亲被军前正法，从此为傅恒所取代。傅恒为人谦和，居官谨慎，但到乾隆三十五年，不到五十岁就去世了。《啸亭杂录·傅文忠之谦》写道：“傅恒以淑房勋戚，当朝轴者几三十年，惟以尊奉前辈，引擢后进为要务，故一时英俊之士多集于朝；然恩怨分明，又颇好奢靡，衣冠器具皆尚华美，风俗因之转移。”

留下的内阁首辅与军机处首席大臣分别由刘统勋与尹继善循例升任，而这两人在第二年里也相继去世。刘统勋（1699—1773），山东诸城人。雍正二年进士，乾隆六年任左都御史，奏参朝中重臣张廷玉、讷亲，为乾隆帝所赏识。乾隆十七年以尚书入直军机处，乾隆二十六年晋大学士。平生居官廉洁，

刘统勋像

立朝侃然，其晚年益为乾隆帝所倚。谥“文正”。

乾隆朝六十年中，以“文正”为谥者，唯统勋一人而已。乾隆四十四年御制《怀旧诗》，列五阁臣中，称其神敏刚劲，得古大臣风，终身不失正。乾隆帝尝曰：“如刘统勋方不愧真宰相。”

乾隆三十八年，弥补这一空缺的是于敏中。于敏中（1714—1780），江苏金坛人。乾隆二年丁巳恩科状元，乾隆二十五年以户部侍郎入直军机处，自是任军机大臣二十年，其间晋户部尚书、协办大学士、大学士。为官精敏，且才学优长，凡内廷承旨书谕，记录编辑御制诗文，皆非人之所能及，故深为皇帝倚重。然其操守不谨，广接外吏，当时“秉钧轴者惟公一人，故风气为之一变；其后和相继之，政府之事益坏，皆由公一人作俑，识者讥之”。

又，乾隆五十一年二月壬午谕：“本朝家法相承，纪纲整肃，太阿从不下移，本无大臣擅权之事。即原任大学士于敏中，因任用日久，恩眷稍优，外间无识之徒，未免心存依附。而于敏中亦遂暗为招引，潜受苞苴。然其时不过因军机大臣中，无老成更事之人，而福隆安又年轻未能历练，以致于敏中声势略张。朕非不知，而究之于敏中亦止于侍直枢廷，承旨书谕……安能于朕前窃弄威福，淆乱是非耶？”

乾隆四十四年于敏中死后，阿桂一直兼任军机处首席大臣与内阁首揆。而自和珅秉政，吏治民风，遂一败而不堪问。

据说，于敏中秉政揽权，汉人无两，而朝局世风，为之大变。盖其树党植货，略无顾忌，或谓为君子小人消长之渐。然仍不如和珅当国之久，劣迹之著，而为国家治乱之所由分也。自乾隆四十二三年以后，嚮用益专，势焰愈熏灼。和珅才敏给，遇事机牙肆应，尤善揣人主喜怒，以故乾隆晚年，倚畀益笃。而达官贵人佥奔走其门，鬻爵卖官，招权纳贿。内有聚敛之臣，外有贪渎之吏，相为因果。和珅本人则以聚敛自丰为唯一目的，又贪渎无厌，征求财货，皇皇如不及。督抚司道，畏其倾陷，不得不辇货权门，结为奥援。

清廷执法，未尝不严，当时督抚如国泰、王亶望、陈辉祖、伍拉纳、浦霖辈，赃款累累，屡兴大狱，为他代所罕有。其始皆和珅之党，迨罪状败露，和珅不能为力，故相率伏法。然诛殛愈众，而贪风愈甚，或且惴惴焉惧罹法网，惟益图攘夺刻剥，多行贿赂，隐为自全之地。故薛福成谓："非其时人性独贪也，盖有内在隐为驱迫，使不得不贪者也。"观于以后和珅家产之丰，则可知当时聚敛之术，与货财之所由来矣。朝鲜使臣也说，当时"大抵当官长者，廉耻都丧，货利是趋"。而大小臣工，顺其意则立荣显，稍露风采，折挫随之。

阿桂像

阿桂虽官首魁，然十余年间常奉朝命，赴各省治河（或带兵）；又，来华朝鲜使臣有云："兵部尚书福隆安、户部尚书和珅，贵幸用事，阁老阿桂之属，充位而已。和珅，满洲人，属銮仪卫，不次升擢，宠幸无比。为人狡黠，善于逢迎。性又阴毒，少有嫌隙，必致中伤”；《水窗春呓·倾轧可畏》：“廊庙间倾轧之风，始于和珅”，虽阿桂之老成亦刻刻防之。虽说如此，史学家萧一山仍对乾隆朝有很高评价，其论“乾隆鼎盛”，原因有三：一是康熙、雍正两朝修治之效果；二是乾隆帝有综治之才雄韬之略；三是人才之称盛。

古人有言：“纣之不善，不如是之甚也。是以君子恶居下流，天下之恶皆归焉。”也许就是因此，大量的罪责都被推到了和珅身上，他俨然成了一切贪污犯的总后台。

然乾隆帝之待和珅，似又以“俳优弄臣”目之。尝召见枢臣于万寿山，谕和珅：“阿桂宣力年久，且有功，汝随同列衔。今阿桂身故，单挂汝衔，外省无知，必疑事皆由汝，甚至称汝师相，汝自揣称否？”另外，却明知其无功无德，而仍宠眷有加；虽知其骄横跋扈之态，亦怜惜优容，不暇切责。

回顾乾隆初年，孙嘉淦上《三习一弊疏》，曰：“人君耳习于所闻，则喜谀恶直；目习于所见，则喜柔而恶刚；心习于所是，则喜从而恶违；三习既成，乃生一弊，则喜小人而厌君子；自是之根不拔，则机伏于微，而势成于不可返。”乾隆帝嘉纳焉。设于此时，当不知做何感想？或谓乾隆帝“本意气自雄喜怒不常”，或者，他毕竟是八十许之高龄老人，而已无复当年？

一再容忍和珅（太上皇一旦去世，其首领即不得保）、福康安之辈的结果，岂非如《大学》所言，“见不善而不能退，退而不能远，恶也！”

故史学家孟森曰：高宗自谓英明，方之圣祖（之对明珠），有愧多矣！“圣祖之于明珠，一经发觉其罪，即授权言官，使振纲纪。去明珠如土芥，且又不至养成大患，免其阁职，仍获以内大臣效用。于其宠爱，保全实多。”

叁

何来的历史机遇

在乾隆朝最后几年里，发生了一件大事，即英国使臣马戛尔尼访华。它被收入后世几乎所有的教科书中，原因之一就是，中国似乎就此失去了一个“机会”，并最终导致了四十年后不幸的“鸦片战争”。虽然在当时人看来，它不过是小事一桩，并没有那么多的想法。

乾隆五十七年九月，两广总督郭世勋报来一份译成汉文的英国商人呈禀，乾隆帝阅毕，龙心大悦，原来素未建立关系的英国国王，要派遣使臣马戛尔尼前来祝寿（实为补寿）：

“今闻天朝大皇帝八旬万寿，未能遣使进京叩祝，我国王心中恐惶不安。今我国王命亲信大臣公选妥干贡使马戛尔尼前来，带有贵重贡物呈大皇帝，以表其慕顺之心，原大皇帝施恩远夷，准其永远通好……”

祝寿、进贡、慕顺、施恩，这些颇具逢承的言辞，相信与原文出入很大，尽管英国与其他藩属国并不一样。乾隆帝联想到乾隆十八年，西洋博尔都噶尔国（葡萄牙）曾遣使“进贡”，于是一切便可循例办理。

事后来看，所有那些争执在乾隆十八年都已有过先例，包括所谓“礼仪之争”和其他一些方面。

据近人阎宗临研究，葡使来华，重在通商。清初葡萄牙遣使来华共有三次：康熙九年、雍正四年和乾隆十八年。萧一山亦言：“清廷胥以为属国朝贡之礼，固不愿与议通商之问题也。”这一点与四十年后是一样的。

据外国史料记载，乾隆十八年，葡萄牙钦差巴石喀到了澳门，就差两个人到北京，送信给钦天监正堂刘松龄，托他办这件钦差的事。为此刘松龄去见了兵部尚书、九门提督舒赫德，舒赫德将此事上奏乾隆帝，乾隆帝很高兴，就差官同刘松龄一起去广东接钦差进京。

没想到竟发生了一场小型的“礼仪风波”。先是，广东的督抚正为几件事感到恼火，其一是西洋人把来访的消息绕过他们，先启奏了皇帝；其二是要看礼单，而没能如愿；因此在依旨筵宴的时候，广东巡抚将兵部的官员让在首席，刘松龄二席，西洋钦差三席，还说：“他们知道什么！”刘松龄觉得很不合适，把自己的二席让给了西洋钦差。此前刘松龄在来华途中，曾停留葡萄牙很长时间，与葡萄牙皇太后建立了终生友谊。

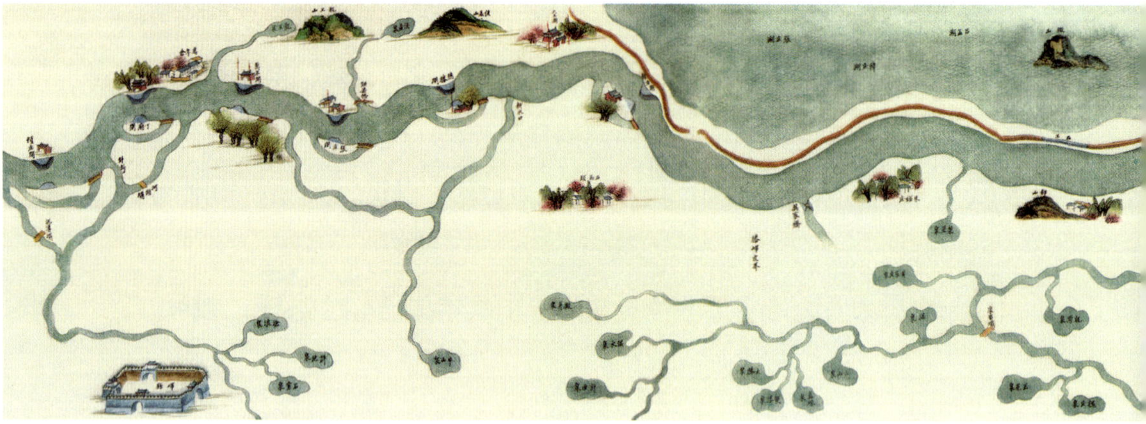

◉ 运河全图（局部）

继之在北京，问题就更大了，葡萄牙使节居然不肯叩头。尽管中文记载里“若无其事”，看不出为此发生过什么争执。

回到北京后，乾隆帝因刘松龄“沿途办理一切，甚属黾勉”，著加恩赏给三品职衔食俸（原为五品），并赏银千两。几十年后，接待英国使臣的钦天监官员也一律提为三品（乾隆五十八年始谕，无论正副使臣，俱不得谓之“钦差”，总称为“贡使”，以符体制）。

乾隆十八年葡萄牙使节进京，走的是大运河。可惜的是，无论是“西洋钦差”，还是刘松龄，都没有给我们留下什么笔记，这与四十年后马戛尔尼访华是很不一样的。

葡萄牙使团带来了很多礼物，共有四十八抬，价值二十万两上下。在圆明园接驾、筵宴以后，大学士傅恒带钦差去看西洋房子，很美很好，照罗马样子盖的，内里的陈设都是西洋来的，或照西洋样子做的。傅恒问钦差见过没有，答曰好些没有见过，很多都是头等的。随后，皇帝回送了礼物，有数十抬。

看来，无论皇帝还是他手下的大臣，他们都是“待人接物”的高手，同时也是“外交”方面的高手。然而，不管平时怎样，当面对那些“正式要求”时，就是另一回事了——这一点是外国人很难理解的。这一切，于四十年后也不会有什么变化。因为四十年后，马戛尔尼多少也发现，大清朝廷是“一种奇特的混合，夹杂着一贯的好客和天生的猜疑、形式的文明和实质的粗野、虚幻的顺从和真正的偏执”。

曾几何时，西洋最强大的国家换作了英吉利。若说清廷不完全了解国际形势，并不正确，乾隆帝对英国的有关情况还是有相当了解的。乾隆五十八年的上谕也说：“英吉利在西洋诸国中较为强悍，且闻其向在海洋有劫掠西洋各国商船之事，是以附近西洋一带夷人畏其恣横。”

为了扩大对华贸易，打破广州一口通商的局面，英国东印度公

万国来朝（局部）

司曾于乾隆二十四年派商人洪仁辉（James Flint）北上天津告御状。从表面上看，是为告发粤海关监督李永标“纵容家人吏役勒索”，其真正目的，却是试图增辟宁波为通商口岸。

负责审理此案的两广总督李侍尧，秉承皇帝的谕旨，在惩治李永标的同时，拒绝了英商在浙江另建通商口岸的要求。同时，不仅处死替洪仁辉写状子的中国人刘亚匾，而且颁布《防犯外夷规条》，严禁外商在广州过冬，严禁国内商人向洋商借贷及为外商传递信息。英方扩大中国市场的尝试受阻。

二十年后，1787 年，英国政府曾因同样的目的派遣喀塞卡特（Charles Cathcart）使团来华，由于大使途中病故，这次计划未能实现。五年之后，前驻俄大使、印度总督、枢密院顾问，“一位品格高尚睿智能干的人”，马戛尔尼（Earl George Macartney）勋爵被任命为全权大使，携副使斯当东（George Staunton）继续这一使命。此时来华商船中，英国所占比例已由四十年前的百分之五十，增加到百分之七十（加上美国，接近百分之九十）。

不管马戛尔尼来华跟安南、朝鲜、廓尔喀、缅甸贡使觐见“大皇帝”有着怎样的区分，跪拜叩首礼总是免不了的。所以一到天津口岸，负责接待英国使团的钦差大臣、长芦盐运使徵瑞就被反复叮咛，“应于无意闲谈时，婉词告知，各藩属国到天朝觐见进贡，不只陪臣俱行三跪九叩之礼，即使国王亲自来朝者亦同此礼。如今尔国王遣尔前来祝寿，自然应遵守天朝法度”；如果外人“用布扎腿”“叩见时，何妨暂时松解，等到行礼后再行扎缚，亦属甚便。若尔等拘泥国俗，不行此礼，殊失尔国王遣尔航海进贡之诚，而且也让外藩使臣

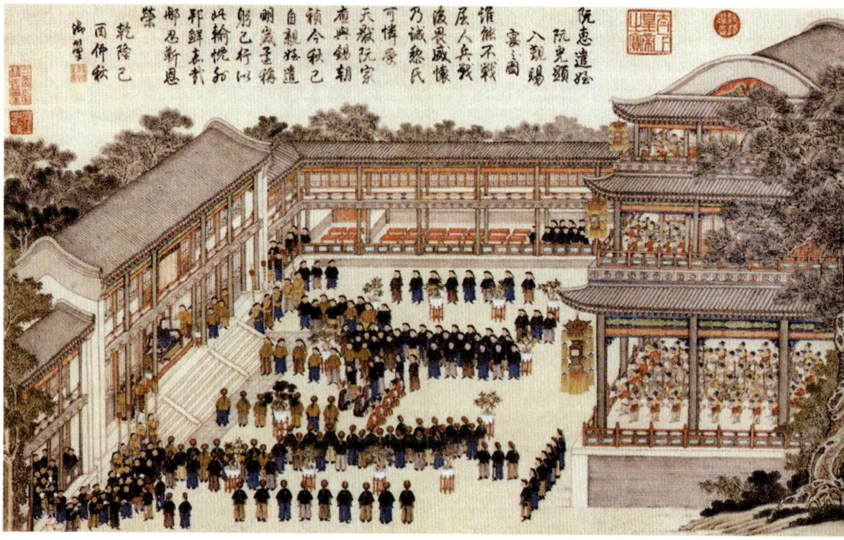

◉ 平定安南战图·阮光显入觐赐宴图（局部）

讥笑。”

然而，官员对使团实际情形的奏报显得谎言丛生，令皇帝失望：“前据（直隶总督）梁肯堂奏与该使臣初次相见敬宣恩旨时，该使臣免冠竦立，此次折内何以又称免冠叩首？”

无法下台的徵瑞于四日后递上一道奏折，称当他婉言劝诫使团成员天朝三跪九叩之礼，该使臣“欣然愿学”，“奴才察看该使臣等学习，渐能跪叩”。

可见信息从一开始就被扭曲走样。在密集的文书传递中，皇帝不得不亲自分辨这些奏折的真实性。

一直到热河，双方还在争执礼仪问题，而主要的事项还没有涉及。马戛尔尼坚持“待附庸国之礼，与待独立国不同”“贵国必欲以中国礼节相强，敝使抵死不敢奉教”；或“请贵国先派一与敝使职分相同之大臣，向吾国皇帝皇后圣像，行三跪九叩之礼，即唯命是听”；随后议定，按照谒见英王之礼，单腿跪地，觐见乾隆帝。

此项记载，亦可以中国材料证明。《郎潜纪闻初笔》卷九：乾隆癸丑，西洋英吉利国使当引对，自陈不习拜跪，强之，止屈一膝。及至殿上，不觉双跪俯伏。

最终，英国使团在八月十三日（西历 1793 年 9 月 17 日）万寿节当天，于热河行宫澹波敬诚殿参加庆典。马戛尔尼与斯当东等行单膝跪地礼，并呈上英王乔治三世给中国皇帝的国书。

关于所行礼仪的记载，《起居注》中仅留下了寥寥几笔，这些描写显示英国使团与同来庆贺的其他贡使之间没什么特别。它写道，英国使团与皇子王公、文武大臣、蒙古王、青海郡王和缅甸国大使一同“行庆贺礼毕”。

关于乾隆五十八年的叩头问题，中外记载是不一样的。朝鲜使节向本国的汇报，虽然未明文叙及马戛尔尼觐见时行的是单腿跪礼还是双腿跪礼，却写有“朝见之时，不知礼数”。

马戛尔尼在其日记中写道：在承德万树园，皇帝对他说，“朕今年八十三岁了，望你们国王，同我一样长寿”，言时意颇自得。他感到，皇帝气概尊严，有神圣不可侵犯之状。余静观其人，精神壮健，八十老翁，望之犹如六十许人。其人民生活程度之高，帝王自奉之奢侈，远非吾欧洲人所能及也。余自叹：“吾今乃得见现世之苏罗门大帝矣”，且有过之而无不及！又观圆明园，知余等所赠之物，与之比较，逊色多矣！吾直不知中国帝王之富力，何以雄厚至此也。其又写道，（乾隆帝）他的举止极有尊严，又不失和蔼和关切，带有一

◉ 驻跸避暑山庄（局部）

种恩赐的态度，对待我们极其优雅，令人满意。

看起来，所谓“礼仪之争”是被不适当地夸大了。在热河，似乎它为一种更和谐、更祥和的整体气氛所掩盖。礼仪没有为万寿节庆典带来任何阴影，尽管在背后清廷“一定有过激烈的斗争”和感到“丢了天大的面子”。

不过，这在以前也不是没有过先例，乾隆十八年葡萄牙巴哲格使团关于礼仪的记载，即与此类似，双方对此也是语焉不详，如中方指明对方所行乃“三跪九叩”之礼，葡方仅说是“按通常/平常礼节行礼”。

也许这一件事在乾隆五十八年并不具有那么重要的地位，皇帝的处理方法也带有很大的灵活性。巴罗对此的解释是，（发生这样事情的最主要）原因是，清廷清楚英国（与其他国家不同的）在海外的超强地位。

只是到二十三年之后的嘉庆二十一年，英国国王第二次派遣了阿美士德（William Pitt Amherst）勋爵访华使团，却因为拒绝向皇帝行三跪九叩礼，而被驱逐出境。

马戛尔尼此行的正式目的有没有可能达到呢？“大皇帝”认为英国人不过是来“进贡”，根据乾隆十八年的先例，可以看出，无论如何那些要求是不可能达到的，它并不取决于什么“礼仪之争”。

巴罗在他的《我看乾隆盛世》中写道，我要首先纠正一个风行一时的错误概念，就是假如马戛尔尼无条件地遵从中国的礼仪，使团也许就会取得更为完满的结局；而且，就在马戛尔尼来华的第二年（1794年），荷兰派遣了一个使团，他们吸取了英国人的教训，决心反其道而行之，“他们高高兴兴地遵行了中国人所要求的一切侮辱性礼仪，中国人却反过来以最轻蔑和最令人愤慨的态度接待了他们”。实际上，自清初顺治、康熙朝以来，荷兰对华外交的“行叩礼”，也是有传统的。

马戛尔尼肩负的使命，乃是外交、贸易与知识三方面的综合体。三者各有轻重，互相交叠。英政府的主要目标是，达成以建立正式外交关系为基础的贸易条约，包括增加贸易口岸、领事裁判权以及派遣使节等方面。出行前，国务大臣敦达斯曾就此给马戛尔尼七点建议：

第一，为英国贸易在中国开辟新的港口；

第二，尽可能在靠近生产茶叶与丝绸的地区获得一块租借地或者一个小岛，让英国商人可以长年居住，并由英国行使司法权；

第三，废除广州现有体制中的滥用权力；

第四，在中国特别是在北京开辟新的市场；

第五，通过双边条约为英国贸易打开远东的其他地区；

第六，要求向北京派常驻使节；

第七，在不引起中国人怀疑的条件下，使团应该什么都看看，并对中国的实力做出准确的估计。

与英国政府的侧重点不同，东印度公司的主要目标集中于最大限度地获得商业利益。中英贸易中的入超现象给他们造成了巨大的损失，如果能消除在对华贸易时受到的种种不公平待遇和壁垒，并获得中国市场的情报，使团对他们才有意义。由于依靠鸦片交易维护双方贸易的平衡，当时已有大量鸦片走私进入中国。

为此，东印度公司曾指示马戛尔尼“如果讨论到这个问题，一定要以极大的谨慎去处理。无疑我们印度领地生产的鸦片，有相当一部分实际上是运入中国的”。若对方“提议订立一个商约，其中有规定不准我们将这种麻醉品运入中国的条款，你必须让步”，但中国方面没有提起这一问题。

马戛尔尼离京到达广州以后，才有机会整体回顾这几个月的历程。他分别向英政府和东印度公司提交了一份长篇报告。言辞中反复表露出由于没有得到商业谈判的机会而产生的焦虑。他说，在 10 月 7 日被命令离开北京之前，“我此行的主要目标甚至都没有提到，我所有的时间都被礼仪占去了”。

也许，我们应将“礼仪”这两个字予以大写，它蕴涵的意思可能远远超出叩首与否。大清国的统治，真不知有多少都仰赖了“礼仪”二字。今天看来，不管马戛尔尼曾否叩头，其实他已被纳入了大清的体制，这可能才是最重要的。

何伟亚也说：皇帝使对方“被纳入自己的体系，即使……为之更改觐见常规”；皇帝坐在御座上接见大使，国书被递交给皇帝本人而不是一位廷臣手中，这些都是极为少见的；皇帝觐见仪式的若干改动正表现为政治包容的复杂性。

在热河，使团曾两次获得皇帝的接见。但是，两次面圣都像是上演一场事先安排的仪式，使团成员如同提线木偶一般没有任何行动自由，不能任意表达意见，以便配合庄严肃穆的整体气氛。

觐见时，皇帝高高在座，英国使团按次序行礼并递交英王的国书。皇帝礼貌性地接过国书，但立即交给身旁的官员，甚至没有打开盒子。

真正意义上的会谈从来没有正面进行过，无论是与皇帝还是大臣。使团的要求都通过文书的形式由大臣转交给皇帝，经过廷议，再由敕谕的形式作出答复。

9 月 23 日，皇帝发布了两道重要的上谕，分别针对马戛尔尼提出的关于派遣使臣驻京和英政府的另外六项要求作出响应。

第一道上谕专门陈述了遣使驻京一事“断不可行”的理由。指出派人留京，从根本上与天朝体制不符，亦于两国无益。体制不容更改：“天朝所管地方至为广远，凡外藩使臣到京，驿馆供给行止出入具有一定礼制，从无听其自便之礼。”

其次，针对英国所称遣使为管理贸易之便的理由，指出“尔国人在澳门贸易非止一日，原无不加以恩视”。天朝于各国贸易之事，“无不照料备周”，“况留人在京距澳门贸易处所几及万里，伊亦何能照料耶？”

针对所提六点要求的上谕同在 9 月 23 日发布：

对于请允英国商船在珠山、宁波、天津等处登岸，经营商业，“向来西洋各国前赴天朝地方贸易俱在澳门设有洋行，收发各货，由来已久”。此乃朝廷定制，不容更改。

对于在北京设立洋行，“更断不可行”。“天朝疆界严明，从不许外藩人等稍有越境掺杂。”

对于划拨珠山附近一小岛以供存货停留之事，答复是“此事尤不便准行”。因为“天朝尺土俱归版籍，疆址森然，即岛屿沙洲亦必划界分疆，各有专属”，“若别国纷纷效尤，恳请赏给地方居住买卖之人，岂能各应所求？”

两封正式的敕谕完成之后，并没有马上送达马戛尔尼手中。10月初，他在接到离开北京的命令后，才得到了这两件重要的文书。经过一个简短的交接仪式之后，谈判的大门就此关闭。

英使马戛尔尼所携“贡品”计有布蜡尼大利翁大架一座、地球仪、座钟、天球全图、地球全图、试控气候架、车二辆、军器数件、铜炮西瓜炮、大小金银船、包裹（包括英国出产的羊毛、棉织品和钢铁制成品）等十九件。

所谓“布蜡尼大利翁大架”，即天体运行仪，据说可以演示地球、月球、太阳及其周围行星的运行；木星及外面的光环和环绕的卫星；日月蚀；行星的交会或相冲等天文现象。此项礼品代表欧洲天文学和机械技术结合的最新成就。另附望远镜一架，可以观测天体各个部位如何运行，同天体运行仪所标示的完全一样，为大科学家牛顿所发明，赫斯色尔所改进，其性能大大超过前人。

天体仪

地球仪

其天体仪，淡蓝色的质地代表

天空，星宿用金银制成，大小比例和相对位置同天空中实际情况相同；地球仪，画出地球上各大洲、海洋、岛屿、山脉及各个国家及其首都，它包括了英人多次航海调查研究的最新发现；军器数件为毛瑟枪、连珠枪等，枪支射击准确，刀剑削铁如泥；铜炮和榴弹炮，能攻城摧坚，“并有一小分红毛国兵跟随贡差进京，能在御前演试”。

奏入，上谕：“译出单内所载物件，俱不免张大其词。此盖夷性见小，自为独得之秘，以夸炫其制造之精奇。徵瑞可于无意中向彼闲谈，尔国所贡之物，天朝原亦有之。”实际上，这些物品进入宫中以后，就被弃置一旁，没有起到什么作用。

当代历史学家多对所谓“科学”寄予了很高的期望。因为一部“现代化”的历史，从表象上看，首先就是物质文明变革的历史。

确实很长时间以来，就有一批西方科学家在中国居留，乾隆朝在钦天监任职达三十五年之久的耶稣会士刘松龄，即是其中一个代表（在他去世的前一年 1773 年，耶稣会宣布解散）。这些传教士的主要目的是传教，而传播科学又是传教的主要手段。

刘松龄曾坦言：“吾人之莅此，不在推进改正天文图表，顾为保障救护吾教，不得不假手于天文。”通过刘松龄的私人信件不难发现，由于经费和其他方面的种种原因，他们并没能利用当时最先进的科学仪器。

但是，如果把那些先进的科学仪器（如马戛尔尼带来的那些）好好利用起来，又会怎么样呢？如果在清朝能掀起一个习学西学的“热潮”，甚至能够以科学来“开科考试”，选拔人才（另一方面也应看到，《四库全书》对涉及西学的书籍收录颇丰），又能怎样呢？它难道能引起从经济、社会到政治的一系列剧烈变化？

康雍乾时期各省进士人数统计表 单位：名

	康熙	雍正	乾隆
直隶	498	161	488
江苏	666	167	644
安徽	142	43	216
浙江	567	183	697
江西	200	115	540
福建	178	99	301
山东	429	105	359
河南	311	81	282
陕甘	190	60	228
山西	268	81	311
湖北	191	69	212
湖南	44	39	128
四川	61	31	159
广东	91	69	252
广西	28	17	102
云南	46	48	129
贵州	31	29	129
辽东	25	10	29
八旗	122	92	179

这中间存在着多重的误解。其实，在所谓“资本主义”发展的早期阶段，“科学”并未曾起到这样的作用（到较晚的阶段，科学和新发明的传播也就不是大的问题）。据弗兰克研究，在著名的十七世纪科学革命发生后的两个世纪里，科学实际上对欧洲的技术和工业

发展根本没有做出任何贡献。还有学者指出，科学发现不是技术创新浪潮背后的唯一推动力量，它显然也不是必要条件。

从事件的结果来看，英国使团并未获得任何改变贸易状况的书面协议，但对中英双方此后的历史来说，出使事件造成了直接和间接两方面的后果。直接后果就是，使团带回了详细的情报，包括对中国市场状况的调查，南方与北方的山川地貌、风土人情，对中国政治结构、军事力量的判断等。这成为英国政府和东印度公司此后制定对华政策的重要依据。

间接后果是，马戛尔尼出使成为西方对中国认识转变的关键事件。使团回国后出版的多种游记，使得地理意义和文化意义上的中国形象都产生了逆转。对于英国知识界来说，这是一个观念史上的坐标。与耶稣会士所说的相反，一个迟钝、落后、破败不堪的中国形象开始作为一种知识在整个西方世界流传开来，与此前孟德斯鸠等人著作中的消极的中国形象相互印证，使得西方的中国迷梦很快转化为厌倦、轻视和鄙夷。今天看来，这一点是太重要了。就此，开启了中国的一连串失败和一个迷信“科学”、迷信“现代化”的时代。

这些直接和间接的后果帮助英国在短短的时间内，建立起对中国采取军事行动的可能性与自信心。正如马戛尔尼在其日记中所说，“只要三艘军舰，就能扫平中国的整个海岸线”。他还写道：“清帝国好比一艘破烂不堪的头等战舰，它之所以在过去一百五十年中没有沉没，仅仅是由于一班幸运的能干而警觉的军官们的支撑，而它胜过其邻船的地方，只在它的体积和外表。但是，一旦一个没有才干的人在甲板上指挥，那就不会有纪律和安全了。”仅仅四十年后，英国就用战舰敲开了中国的大门。从此，中国就开始了一段“灾难的历史”，出现了一大堆的不幸。

◉ 马戛尔尼像

但在清代乾隆时期，中国果真曾丢失了一个“机会”吗？设想当时中国即与英国建立现代外交关系暨开放五口通商，只是一个凭空的想象。作为当事人之一的中国政府并没有任何这样的打算，因此一切将从何谈起？这样不顾当事人想法的“客观——唯物”，岂不恰恰成了“主观——唯心”？

退一步说，就算有了这一步改变，它与产生“改革开放”“经济起飞”的结果之间，还不知道要有多少个凭空想象，需要为之设计怎样的耦合机制？又要有多少个“想当然”，才能够达致那些“一厢情愿”的结果？

历史学科是研究已发生的不可更改的既定事物（黄仁宇语），而不是假定会发生的什么。想象中国自古以来即一帆风顺，而无须经历其后一系列的“不幸”，那属于一种“虚妄史观”，仅是一种“妄念”，与一种“失落”的心态互相适合。

从另一角度来说，中国没有接受马戛尔尼当年的建议，真的就“失败”了吗？

据研究，在十八世纪，世界历史上出现了罕见的“共时现象”（布罗代尔语），即人口增长和政府职权的加强。这在西方都属于“现代现象”和“现代努力”，为什么在“同步”的中国却仍被看作“古代”“落后不堪”？如果我们改换目光，十八世纪的中国与二十一世纪的历史就可能贯通起来，甚至发现其中存在着“正面接续”的关系。中国可能早已步入世界，也不一定处于“边缘”位置，是什么“非典型”的“例外”；至于“鸦片战争”等“外力”的作用，也有可能会进一步淡化。我们也将有一个新的“中国观”。

从十八世纪开始，包括中国在内的世界人口出现了一个与前不同的持续增长，直到今天，它属于“一个历史”。从1700年到1800年，中国人口从一万万增加到三万万左右（约为世界人口的三分之一），1850年，官方统计达到四亿三千万人。

不过，美国学者施坚雅认为，当时中国人口没有若是之多，而在时人巴罗看来，十八世纪末中国人口已不止三亿多，而实际上很可能“维持了两倍人口（即六亿）的生存”。一百多年以后，它达到了六亿人甚至十亿人以上……

研究表明，清代在康熙帝发现人口问题之后，经过康熙（后期）、雍正、乾隆三朝，在大约半个世纪的时间里（公元1700年至十八世纪五十年代），围绕这一问题，有针对性地提出了一系列的经济发展对策，从而构成了政府政策上一个极具连续性的、空前活跃的和充满生气的时期。

康熙以来的有关想法，表现出了中国人口思想的主流，即以一种积极的态度，力求用经济的发展来满足日益增加的人口需要。据说，以（发展）经济为主导解决政治问题的思想，西方是到十九世纪才有的。怎能说清代人口思想就是一个“传统”的产物，而不符合“现代”的标准？在这以前，从来没有一个朝代像十八世纪的清朝政府这样关心经济事务，皇帝甚至亲临第一线，指挥策划，这难道不是一种“现代性”的表现？

中国本具有前现代国家罕与伦比的政府与官僚组织，又值国力鼎盛时期，全力在各省推行劝农政策的结果，直接带动了政府权力的扩张。这是一段为中外学者“忽略”了的历史，但它却是中国史中一次重要的“脉动”，并与二十世纪（而不仅是十九世纪）的“大政府”现象直接有关。它最终提起了二十世纪“上层”“中层”“下层”结构“三层重建”的目标（黄仁宇语）。按照“国家的视角”（斯科特语）来看，这一类的努力还包括绘制地图、统计人口、统一度量衡标准，等等。

清代还创建了一个复杂的粮食供给系统。中央向地方官员收集关于粮价、气候和降雨的资料，以预测何时何地可能发生严重的缺粮以及如何做出反应。国家以常规的和非常规的手段干预食物供给状况，其核心是建立与维持一个储量数百万吨的仓储系统，代表着官方对人民物质福利所应负的责任。据国外学者研究，这些做法在欧洲是完全无法想象的，更遑论能否做到。

这些保障人民起码生存权利的物质利益手段，“早在它们成为近代福利国家的要素之前很久，在中国就已存在，而且占有重要地位”。这样说来，中国在十八世纪，岂不是已经进入“现代”？

乾隆初年的粮政努力，把清人的理想追求推到了一个高峰，也把政府对社会经济的干预推到了一个空前的高度。它希望主要依赖政府组织本身的能力，来一举解决赈灾、济贫、吃饭等全部粮食问题。这显然构成了近几百年中国历史中的一件大事，相形之下，只有二十世纪的有关努力能够与之相比。

乾隆初年粮政新措施实行的结果，使“输纳不益于前，而赈粜几倍于旧”，并在两江、直隶的赈灾中起到了巨大的作用（两江一次即动用上千万两）。但不久后即发现了新的问题：粮价上涨。经过各省督抚汇议，发现问题的症结正在：官府是否需要储存这么多的粮食和实施如此高度的“福利主义”？政府究竟应在社会经济事务中充当一个什么样的角色？

乾隆十三年，皇帝下结论说：“朕既知初意之失，不可不为改弦之图”，终于认识到，“大概市井之事，当听民间自为流通；一经官办，本求有益于民，而奉行未协，转多扞格”，“若概欲官为经理，势必有所难行”。在这一点上，也成为二十世纪的“先声”。

乾隆年间政府还曾多次议改土地制度。虽然最后没能实施，却认为是“名虽正而难行”，仍把“均田”作为一种“理想”。比较而言，二十世纪就俨然是一个土地制度变革的世纪。从“耕者有其田”，到“土地改革”，再到“集体化”和其后的“包产到户”，于二百年后，在某种程度上，终于实现了传统的“田制”理想。今日之田制，大约最近于传统的“均田制”。

清代雍正年间，政府建立了第一个有关租佃关系的法律，即“田主苛虐佃户及佃户欺慢田主之例”。从此，这一切就变成了政府的责任。用“国家的视角”来说，其目的就是实现国家的“直接统治”。

乾隆年间，政府尽管没有强令执行，也曾多次劝减田租。同一时期，民间租佃关系有所调整，地租实收率不断下降（大约下降了二十个百分点），租佃制度得以修订。

在十八世纪，清政府还实行了赋役制度改革，其中最重要的，就是取消了已有上千年历史的“人头税”，而代之以“财产税”（土地税）。还取消了“力役”，而代之以“雇役”（支付劳务费）。同时，改变身份制度，取消“贱民”名义，提高“雇工人”的身份地位，等等。

如雍正朝曾除山西、陕西教坊乐籍，除绍兴府惰民丐籍，除江南徽州、宁国等处伴当世仆名色。对此南怀瑾认为，如照我们现代来说，他早已有了“社会主义”思想的意识，是解放贫民、使穷人翻身的仁政。

这些做法似乎是欲使社会“平民化”，或造就“无印记非特殊公民”，达至统一、一致的公民身份。而这些在其他一些国家属于现代变革的事情，大都是在清代十八世纪出现的。

十八世纪中国还存在着类似“划分社会阶层”的现象。据法国学者魏丕信研究，在因灾对纳税人蠲免赋税时，政府规定纳税在五两以上的算作“富户”，一两以下的即为“贫民”，介于二者之间的为“小户”，根据情况区别对待。虽然这里并没有所谓“社会阶级”的概念，但这种方式仍使人联想到二十世纪土地改革中的分类，如贫农、中农、富农等。

另一方面，有美国学者指出，清帝国的核心原则是一种“多主制”，满族皇帝是中国天子，又是金、元的继承者，是可汗中的可汗，是“转轮王”“中国的阿育王”“法王”、文殊师利菩萨的化身。这些名号并非空洞的夸张，而是标识出“清帝国”和“满族帝国主义”的性质。在十八世纪马戛尔尼来访时，它是世界上最广阔、最富有、最多人口和连成一片的政治实体。这一“传统”，并不可能随着清朝的灭亡而消失。

在通行的教科书里，十八世纪的中国仍处于“古代”，二十世纪才为“现代”，两者不但性质上截然不同，时段上相去甚远，中间尚隔着一个“近代”（无论是从 1800 年还是 1840 年算起）。从十八世纪到二十世纪，已不是“一个历史”，而是被若干个“关节”，被无数个“偶然”（如外力入侵）、“假设”（若没什么外力入侵），这样一类史观给割裂，弄得不成样子的段落。

过去认为传统中国“封建”“落后”“老旧不堪”，现在看来，恐怕就不是了。十八世纪，中国即与世界上现代化的“早发国家”一同（或略早于他们）面对了一些“现代问题”，做出了若干“现代努力”。如此看来，中国并不一定只有一个被谁人“打断”的，或由外力“提升”了的历史。甚至也无所谓再区分什么“内因”“外因”，更不必在意“东方”“西方”孰为中心。

或许它就是以中国为中心的；也许它具有自己的并不输于他人的“理路”，只因一向受限于传统观点，或“现代化”的固有模式，使人难以看清罢了；或许，不过因为她是一个大国、古国，转变自然就艰难而缓慢，如此罢了。因此，历史上那些最令读者扼腕难以数计的危机和难关，在今天看来，恐怕也都不必那样“哀怨”，无法索解。或许，它只是没有如吾人之“愿”而已。

这样一来，我们似乎就“解构”了“现代化”的命题，或者，它有着多样的面相，并不能以“成功”的领头国家“一把尺量遍天下”？或者，无论是对“资本主义”，还是所谓“现代化”，也许它并不那么重要，也不是构成历史的唯一视点？

如果能贯通其后三百年的历史，看到今天中国经济的崛起——从物质文明的层面上了解“现代化”，也不应如是“悲哀”。相反，因为中国一时跟不上国际现代化的步伐，那些“不幸”可能恰是必要的，是中国改革或革命道路上不可缺少的因素；那些“外来”的“刺激”，或许都不外是为了唤醒和促动中国的变革。

如此看来，中国今天的“现代化”中，有一些东西是 1840 年以后才由外国学来的，如外在的比较肤浅的一些，有些则是在那以前自身所具有的，属于内在的更为深层的那些。在这里，也许我们正面对了“历史究竟是什么”这一个大问题。

或许可以说，今天的中国仍然走在乾隆以来的道路之上，三百年一以贯之——其中之一，即是政府发挥特殊的主导式的作用——如果说，那时仍有许多不尽如人意之处，那在今天，岂不仍不断地需要进一步的“改革”？

如此说来，中国当日并未曾丢失了什么“机会”。

它不但在十八世纪和世界“同步”，在三百年后，依然与世界“同步”。我们需要的也许是一个更为达观的眼光。

肆

无以承负的衰败

到乾隆中期，乾隆帝不止一次宣布，到即位六十年以后，就归政退闲，传位于皇子：

“朕践阼之初，曾焚香告天云：昔皇祖御极六十一年，予不敢相比。若邀穹苍眷佑，至乾隆六十年乙卯，予寿跻八十有五，即当传位皇子，归政退闲。第此意向未宣示，众亦不能深悉也。”

果然，到乾隆六十年次年——嘉庆元年——元旦，即举行了归政大典，一个朝代结束了。尽管太上皇仍有三年的寿数，而且依然大权在握。

步入乾隆朝最后十年，国家的政治重心又一次转移，南巡不再，文字狱悄然落幕，几乎一切都让位于镇压和防范“邪教”，不料竟就

◉ 乾隆帝八旬万寿图卷（局部）

此把国家一步步拖入大乱之中。

如果有人对皇帝说，到乾隆五十年以后，政治就已经衰败了——尤以办理白莲教的前前后后为例——他一定不会承认。

但对今人来说，可能更难理解的，就是所谓“迷信”和为什么有那么多人加入“邪教”了；时人也对以下一点认识不足：与其他“前工业社会”一样，乾隆朝并不存在所谓“阶级斗争”，有的多是“信仰”之战，“思想”之争。

乾隆五十年三月，查办襄阳邪教案。据湖广总督特成额奏，襄阳县访拿传习邪教徒并搜获经咒；同时，山东亦访获传授《五女传道经》之邪教人犯。此次两省破获之收元教，实系乾隆三十三年河南收元教之余绪。

先是，八卦教在直、鲁、豫三省毗邻处蔓延传布，而以离卦、震卦、坎卦势力最为雄厚，共奉山东刘省过为教主。迨乾隆三十七年八卦教败露，刘省过立斩，其长子刘大洪拟斩，由是一度归于沉寂。

乾隆五十一年，震卦头目、大名府捕快领班段文经及副头目、元城县捕役徐克展密谋杀官劫狱，救出教主刘大洪。他们在大名拥进道员衙门，砍杀道员，并分赴大名、元城二县，劫狱释囚。随因官兵鸣枪查拿，夺门逸走。经直、鲁、豫、晋、陕、皖及湖广等地经年不懈搜捕，徐克展以下先后被获，分别凌迟、斩枭，唯段文经逸出，不知所终。

乾隆五十三年六月，河南彰德府查获八卦教震卦五十余名教犯，自认山东单县已正法刘省过为其教主，已犯案之王中为掌教。此案与段文经教名相同，支派各别。并究出王中之子、震卦教长王子重，但山东巡抚未能审明其教长身份，仅以其为王中之子，发往喀什噶尔给回人为奴，至乾隆五十六年方始败露。经过二十余年时间，震卦教在河南彰德府及其东南滑县等地迅速流衍传播，成为八卦教内实力最雄厚的教派。

乾隆五十四年闰五月，湖北拿获枣阳县邪教姚应彩余党，并予严行追究。

乾隆五十五年六月，湖北查获均州民人贺廷选等烧香念佛骗钱。上谕："此等无知愚民，念诵俚鄙咒语，何处无之？若概视为邪教，纷纷搜捕严办，亦复成何政体？倘遇有实在邪教，转恐不能认真查缉，以绝根株。"

乾隆五十六年，八卦教骨干刘照魁在陕西被捕，供出其于上年从山东抵喀什噶尔，沿途所经之处，同教遣犯多人托其向教主"讨要封号"。震卦教长王子重以其功行较大，封为"东震至行开路真人"（据王子重称，八卦教有八个等级名号，入教后遇有功行，先封为“传仕”，由“传仕”递升为“全仕”“点火”“流水”“总流水”“挡来真人”“开路真人”“指路真人”），并留住一月，讲解教中诸事。

随给银二十两、马一匹，打发起程。令其至山东“传教与伊侄”，再到江南沛县刘家庄转嘱艮卦行教之杨武、郭信、刘姓三人“料理会事”；又托带信与震卦掌爻步文彬，“复还他指路真人名号”；并嘱令路经叶尔羌、阿克苏、库车时许封屈进河、申文成、宋明、周法才、周进、毛有伦六人“全仕”名号。刘照魁回到家乡渭南，即被族人举发捉拿到官；屈进河等六犯被正法示众。翌年初，首犯王子重、步文彬、刘书芳、刘照魁俱在京被处死。经此番严密缉捕和残酷镇压，八卦教中势力最为深厚之震卦教派元气大伤，从此一蹶不振。

乾隆五十九年七月，又有刘松、刘之协、宋之清等秘密传布白莲教，首先在陕西被获。

嘉庆元年正月，荆州、宜昌等地白莲教大起，率以“官逼民反”为词。数月之间，蔓延湖北西半部五府，南及四川酉阳，北及河南邓州新野，而襄阳党徒数万，势最盛，其魁自刘之协外，有姚之富及齐林妻王氏，皆杰悍出四方群党之上。随后乃入川、入陕。

于是，终于爆发了川楚陕三省“白莲教”之乱，成为清代第一次长期内乱。据研究，虽然其大发毒于内禅告成之日，事却起于乾隆中叶以后。盖内乱之原无不出于吏虐。当时官方自谓极盛，乱机却已遍伏。乾隆三十九年，山东清水教民王伦起事，次年而白莲教事发河南鹿邑，遂为“川楚巨匪”之嚆矢。

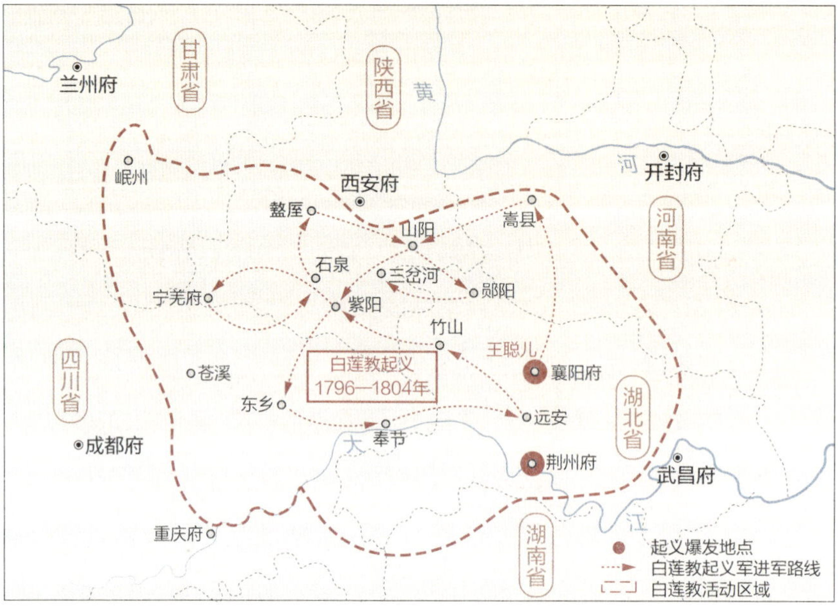

◉ 白莲教活动范围示意图

《圣武记》曰："白莲教者，安徽刘松为之首。乾隆四十年刘松被捕，遣戍甘肃，复分遣其党刘之协、宋之清授徒传教，遍川陕湖北。日久党益众，遂谋不靖，倡言劫运将至。乾隆五十八年，事觉，复捕获，各伏辜，唯刘之协远飏。于是有旨大索，州县吏逐户搜缉，胥役乘虐。武昌府株连罗织数千人，富破家、贫陷死无算。时川、湖、粤、贵，方以苗事困军兴，而无赖之徒亦以严禁私盐私铸失业，至是益仇官思乱。奸民乘机煽惑，于是发难于荆襄达州，骎淫于陕西而乱作。"

据说，武昌府同知常丹葵奉命查办宜都教案，"一意苛求，凡衙署寺庙，关锁全满……各令纳钱若干释放，其有少得供据者，立予惨刑"；达州知州戴如煌贪劣残暴，私设衙役达五千名之多。

而乾隆帝至死仍认为，白莲教不过是癣疥之乱，不日即可轸灭。在他弥留之际，还“频望西南”，以“军务未竣”而“深留遗憾”。他不知道的是，待他死后数载，直到嘉庆九年，白莲教起事才被完全平定。

十八世纪最后几年中国内地爆发的大规模内乱，提出了一个尖锐的问题：它难道不是对清人努力的一大嘲讽？清代政府政策是否只配落得这样一个“结局”？这一事件的发生，是因为人口太多、民穷财尽即经济形势的全盘恶化，还是存在其他方面的什么原因？

为回答这些问题，或可借助经济学的图形，对清代的经济发展作一总的回顾：

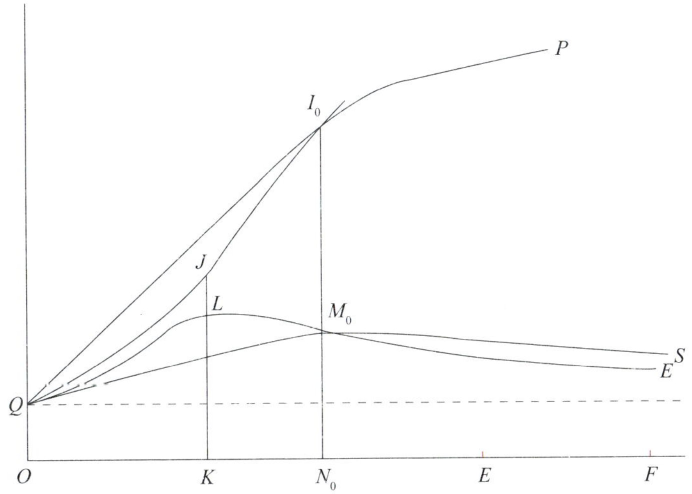

清代经济发展图示

图中，曲线 S 代表生活水平或平均产量，表示个人生活水平随人口增加而变动的情形。曲线 P 代表总产量，由人口数乘以平均产量得来，如 $ON_0 \times M_0N_0 = I_0$，表示总产量随人口变动的情况；曲线 Q 是 P 的导数，代表边际生产率；Q 代表最低生活水平线。

原点 O，代表清初战乱破坏后经济开始复苏之时，全国人口约七千余万。认为当时人民生活在最低水平线上，只是一个假设，当时中国也未必处于最低人口。故此点也可略向右移，但不管怎样，其后人口和经济（总产量）都有快速的增长，其速度当为各时期之冠，这主要是得力于大量熟荒地的迅速垦辟。

K 点，为达到最高边际生产率之时，它与 Q 的最高点 L 垂直，同时与 P 的折点 J 相交，表示使总财富增加最多的那个人口数。这大约是在十七世纪之末，或十八世纪初叶，人口约一亿出头。清初以来从较低基数开始的人口增加，在这期间成为经济增长的明显助力，并使之在速率上超过人口的增加。

N_0 点，表示达到人均生活水平的最高点，它与 S 的最高点 M_0 垂直，并与 P 的切点（该切线通过原点 Q）I_0 相交。这大约是在十八世纪中叶，即所谓清代鼎盛时期，人口约一亿五千万人。以后其水平逐渐下降，产量（P）的增加也不那么快了。

也可以说，从 O 到 K，代表了清朝的“恢复时期”，政策上主要是传统的“招徕垦荒”；从 K 到 N_0，则是“发展时期”，也是政策上最为活跃和最多创新的时期；到 N_0 以后，则很少见有新的政策提出。

大约到 E 点的位置，中国人口超过三亿，在时间上正值十八世纪之末。从图上看，此时边际生产率颇有下降，人均收入也已降低，但总产量则仍有相当的增加。这一时期土地的增垦虽属有限（按照二十世纪十五亿亩的框架测算，它已达到十二亿亩。不过，这些只是针对二十世纪统计数字而言，它们都与中国实际耕地数字相去甚远，其差距甚至高达三分之一以上，至于小数点以后数字，更不足道），但美洲作物的推广，各方面生产的开拓，商品性经营的发展和地区间交流的扩大，都是其间最为显著的史实。

清代经济发展不像传统说法那样仅仅限于农业及其他初级产业，它还表现在工业方面。工业广泛地分散于全国各地，同时，在最发达的地区——江南，已出现了一个“工业区”。据说，到1800年，中国的经济产出已占全世界的三分之一。其中，中国制造业在世界总产量中所占比重，超过整个欧洲大约百分之十九，如按人均计算，也与欧洲约略相等。

十八世纪中国与世界的经济情况对比

世界制造业产量的相对份额（单位：%）			按人口计算的工业化水平（以1900年英国为100）		
年份	欧洲	中国	年份	欧洲	中国
1750	23.2	32.8	1750	8	8
1800	28.1	33.3	1800	8	6

数据来源：《大国的兴衰》，保罗·肯尼迪。

十八世纪末，中国人口约为三亿有奇（约为世界人口的三分之一），对比五十年后册载人口最高峰的四亿三千万，尚有较大的距离。如果说这时中国人口已是严重过剩，似不免有夸大之嫌。尤其是在白莲教起事的主要省份四川、湖北、陕西等地，人口远不是那么稠密；特别是诸省交界的老林地区，正处于新开发的浪潮之中；就该地物价而言，如四川等地在十八世纪末叶仍相当平稳，与下游省份的持续上涨也颇有不同。

就全国总的情况来说，经济发展状况也不至于那么糟糕。史称“康乾盛世”，又称“乾嘉盛世”，公认此时还是一个相对繁荣的时期。因此时人的批评中，也多是说官吏“又乘其时丰庶，遂任意贪纵”“故激成教匪之变”，以及“官逼民反”等，都是很值得参考的观点。

因此，不论十八世纪末叶的内乱是出于怎样的原因，仅就经济本身的情况来说，这一时期的形势虽不如前一阶段，但仍在前期的发展势头之上和处于相应的发展之中；其所遇到的问题，当是发展中的问题，而不是什么所谓“末路”或“全盘衰落”。因此，对白莲教起事的原因，还应到其他方面去寻找。

F 点，为清代末年，中国人口大约在四亿至五亿人，其时人均生活水平进一步下降，但是否已降到最低水平线之下？清末中国经济是否已到穷途末路，再无发展的“余地”？这些问题都值得进一步探讨。

如果一个社会的经济走到了“尽头”，或是人口过剩到较为严重的地步，那么首先发生的，一定是粮食供给的紧张，它也必然会有多方面的表现。但是，在清代末年或相应的某一时期，至今尚未找到一条史料，可以发现由于粮产不足而导致某地出现稍大规模的经济作物退缩；相反地，自十九世纪中叶以后，从全国范围来看，经济作物的生产倒是发展了，而粮田面积反而有所下降。特别是在内地一些省份（如西南地区），粮食仍有不少剩余，生产的潜力并未得到充分挖掘。

可见直到清朝末年，即使是在生产技术不再改进的条件之下，中国的粮食生产还大有潜力可挖，只是因为交通、税卡和需求诸方面因素的限制，使其不能充分发挥罢了。

问题也许不是在社会经济方面，而是在财政上。就跟所谓“官逼民反”一样，我们也可以把它表达为一种“政治衰败”。

《剑桥清代史》引述张晓棠的研究，将乾隆朝的统治分为明显不同的三个财政时期。第一个时期（1736—1750年），主要特征是财政的“改善”，北京中央国库的财政储备很少（通常存三千余万两），朝廷不得不努力增加财政储备；第二个时期（1751—1785年），主要特征是国库的“丰盈”。同时期的欧洲国家无不羡慕这一成就：北京户部控制的白银储备大约增长了一倍，由十八世纪五十年代初的四千万两增长到七十年代末的八千万两，尽管政府有过多次的蠲免钱粮，而且从事了六次奢华的南巡和在川西发动了两次金川之役；第三个时期（1786—1795年），主要特征是“潜伏危机”，中央的白银储备依旧保持稳定。

此一观点与本书对乾隆朝的分期“若合符节”，唯云乾隆十六至二十年户部平均存银为四千万两，似高估了一些；也许，在财政史上，还是以乾隆二十年分期为好。

乾隆朝户部收支

年份	收支明细	备注
雍正十三年	年底户部银库旧存银三千四百五十三万零四百八十五两	雍正一朝整理各省关税，乾隆一朝整理各省盐法，因而户部岁入多至四千二三百万两
乾隆元年	实存银三千三百九十五万九千六百二十四两	
乾隆二年	年底旧存银三千四百三十八万五千一百三十八两	
乾隆四年	年底旧存银三千二百五十八万二千九百七十六两	
乾隆六年	户部银库实存银三千一百四十六万三千五百三十两	
乾隆七年	户部银库实存银三千二百七十四万六千七百五十二两	
乾隆八年	银库旧存银二千九百一十二万一千一百零四两	为乾隆帝即位八年以来银库存银最少一年。因，当年两江赈灾，约用银（米）一千万两
乾隆九年	户部银库实存银三千一百九十万二千五百一十八两	
乾隆十年	户部银库实存银三千三百一十七万零六百五十五两	从乾隆十一年轮免全国赋税，是为首次普免（与八年大赈仅隔一年）。户部尚书梁诗正奏：“每岁天下租赋，除官兵俸饷各项经费外，惟余二百余万，实不足备水旱兵戈之用”
乾隆十一年	户部银库实存银三千四百六十三万三千一百七十七两	用兵瞻对，约用银一百万两
乾隆十二年	户部银库实存银三千二百三十六万三千四百零四两	
乾隆十三年	户部银库实存银二千七百四十六万三千六百四十五两	第一次金川之役，约用银二千万两
乾隆十四年	户部银库实存银二千八百零七万三千零四十三两	
乾隆十五年	户部银库实存银三千零七十九万六千一百七十七两	
乾隆十六年	户部银库实存银三千二百四十九万三千七百八十六两	
乾隆十七年	户部银库实存银三千八百六十三万零二百八十七两	
乾隆十八年	户部库银实存银三千九百八十七万零三百九十四两	

续表

年份	收支明细	备注
乾隆十九年	户部银库实存银三千七百六十万五千四百二十二两	
乾隆二十年	户部银库实存银四千二百九十九万七千零四十八两	
乾隆二十一年	户部银库实存银四千三百二十二万二千零三十两	
乾隆二十二年	户部银库实存银四千零十五万二千二百五十四两	
乾隆二十三年	户部银库实存银三千六百三十八万八百零九两	
乾隆二十四年	户部银库实存银三千六百七十三万二千八百六十五两	
乾隆二十五年	户部银库实存银三千五百四十九万六千九百零二两	乾隆库藏之盛，皆盛于乾隆二十年新疆底定以后，而非盛于乾隆二十年以前。用兵西陲，用银二千三百余万两
乾隆二十六年	户部银库实存银三千六百六十三万八千五百七十二两	
乾隆二十七年	户部银库存银四千一百九十二万七千九百二十四两	
乾隆二十八年	户部银库实存银四千七百零六万三千六百一十两	
乾隆二十九年	户部银库实存银五千四百二十七万三千八百一十四两	
乾隆三十年	户部银库实存银六千零三十三万六千三百七十五两	
乾隆三十一年	户部银库实存银六千六百六十一万三千一百二十七两	首次蠲免漕粮
乾隆三十二年	户部银库实存银六千六百五十万一千零五十二两	
乾隆三十三年	户部银库实存银共计七千一百八十二万三千八百八十八两	用兵缅甸，用银九百余万两
乾隆三十四年	户部银库实存银七千六百二十二万二千八百七十七两	
乾隆三十五年	户部银库实存银七千七百二十九万九千七百三十六两	以次年皇太后八十大寿，第二次普免全国地丁钱粮
乾隆三十六年	户部银库实存银七千八百九十四万零一两	

续表

年份	收支明细	备注
乾隆三十七年	户部银库实存银七千八百七十四万零二百六十二两	
乾隆三十八年	户部银库实存银六千九百六十七万零七十一两	较上年遽减近千万两
乾隆三十九年	户部银库实存银七千三百九十万五千六百一十两	
乾隆四十一年	户部实存银六千余万两	边疆开辟之后，动帑三千余万两，而户库反积存七千余万两。及乾隆四十一年两金川用兵，费帑七千余万两，然是年诏称库帑仍存六千余万两。及乾隆四十六年之诏，又增至七千八百万两
乾隆四十二年		以皇太后去世，第三次普免钱粮。此年开始，封储盛京一千万两，至末年一直没有动用
乾隆四十三年		再次蠲免漕粮
乾隆四十六年		各省秋拨册报结余银达一千九百余万两；乾隆五十一年决定经征钱粮全部解司，取消地方存留
乾隆四十七年	户库储银七千八百万两	
乾隆五十年		大学士嵇璜等遵旨查奏乾隆元年以来五十年内蠲免钱粮数目：普免天下地丁钱粮三次；普免天下漕粮二次；历年各省水旱灾歉赈恤及蠲免民欠地丁、盐课，巡幸恩免地丁、盐课、漕仓、民欠等项，总计共银二亿二千余万两，米麦豆二千余万石
乾隆五十一年	户部库银尚存七千余万两	上年江南等处赈费，至一千四百余万两
乾隆五十三年		台湾用兵，耗费军需约共银、米一千万两
乾隆五十四年	户部银库存银六千余万两	
乾隆五十五年	户部存银八千万两	以皇帝八十大寿，第四次普免地丁钱粮
乾隆五十七年	上交北京的剩余岁入公布为三千六百万两	廓尔喀之役，用银一千余万两
乾隆五十九年		第三次蠲免漕粮
乾隆六十年		乾隆十八年关税四百三十三万两，当时天下最为富饶，至乾隆六十年加至八百四十六万余两

《剑桥清代史》又说，学者一般将乾隆帝的战争与皇帝对国家

财政收入无度地挥霍浪费联系在了一起。这些战争被称为“十全武功”，包括 1755—1759 年对中亚的三次远征，其中有两次是打击准噶尔，一次是打击回部；1747—1749 年和 1771—1776 年的两次对大小金川的战争；1765—1769 年与缅甸古邦王朝进行的战争；1788—1789 年对越南的战争；1787—1788 年对台湾叛乱的镇压；1790—1792 年在西藏进行的两次对尼泊尔廓尔喀的战争。不过，朝廷高层熟知内幕的人并不这样认为。一些学者通过计算得知，朝廷经费的总消耗量，即便在其状况最差的最后一个时期，也没有超过政府一般开支的百分之五。实际上，政府税收占国民经济总量的比率也很低，大约也不超过百分之五。

乾隆中叶以后，政府常有库银八千万两左右。每年财政结余，尚有五百万两。乾隆四十七年，朝廷对于这笔库银的使用发生争议，

平定准部回部得胜图 · 伊西洱库尔淖尔之战

崇庆皇太后万寿图(局部)

最后决定增加兵额六万，岁添饷银三百万两。大学士阿桂争之不得。

此次自乾隆四十七年始，裁革绿营虚额名粮，改给养廉。绿营官弁养廉为：提督二千两，总兵一千五百两，副将八百两，参将五百两，游击四百两，都司二百六十两，守备二百两，千总一百二十两，把总九十两，经制外委十八两。名粮虚额裁革后，按额招足实兵六万余名，以致岁增经费银二三百万余两。后人对此举多有訾议，而谓阿桂之见为老成谋国之道。

据云，至嘉庆初年，河工军费，在在告急，始服前人远见。当代学者批评清代财政，不以国库丰盈为施治之目的，如雍正帝谕“朕每恐府库之金钱，为吏胥侵蚀中饱也”，乾隆帝谕“天下之财，止有此数，不聚于上，即散于下”。皇帝相信包括中央政府储备在内的货币财政收入，应该被花掉而不是贮藏在朝廷。

乾隆末年国家财政仍有结余，同时政府还在大量蠲免钱粮。可见问题并不在于财政，也不在于政府税收能力的下降。然而，嘉庆年之间，耗费帑银二亿余两，也终于用光了七八千万两的国库存银。

◉ 嘉庆帝

嘉庆元年正月初一日，乾隆帝传位于皇太子，他虽已八十五岁高龄，却没有真正归政。于接见朝鲜使臣时仍宣称："朕虽然归政，大事还是我办。"于诏书中宣布："凡军国重务，用人行政大端，朕未至倦勤，不敢自逸。"直到耆而健忘，和珅颇能左右其意指，"专擅甚于前日，人皆侧目，莫敢谁何"。嘉庆四年正月初三，这一位老人，才不情愿地合上双眼，与世长辞了。其谥曰"纯皇帝"，庙号"高宗"。

一个时代，就这样结束。

他一生的业绩，已足以使他自傲，但在最后，他毕竟还有几分"不能承负之重"，或说是"遗憾""担忧"和"迷惘"，让他不能放下。至少，白莲教的战火还没有扑灭（屡盼捷音，"焦劳倍切"。嘉庆四年，上谕："末年用兵以来，皇考宵旰勤劳。大渐之前，犹时望捷音。迨至弥留，亲执朕手，频望西南，似有遗憾”），而皇位也终于交到了一位“庸主”手里（临终尚握其手“拳拳弗忍释”）。

此时，不论是郎世宁，还是刘松龄等一干外国传教士早已谢世（事在二十年前）；国人之中，不说乾隆帝的同辈，就是他所任用的低一辈臣下，也可以说所剩无几。只有孤零零一人，真不知情何以堪。

乾隆帝留下的遗产，不但当时就充满了争议，而且，可能还会让后人一直争论下去。

伍

刘松龄笔下的乾隆十三年

刘松龄，何许人也？难道乾隆朝还有这么个外国人在朝廷里，担任钦天监负责人三十余年？听起来，这岂不是天方夜谭？他是怎样一个人，跑到中国来，都做了些什么……

围绕着刘松龄，我前后一共写了三篇文章，本书着重收录第二篇文章。感兴趣的读者可据参考文献按图索骥，找来一读。

第一篇《刘松龄，最后的耶稣会士》介绍了刘松龄的生平：他如何加入耶稣会，如何“阴差阳错”来到中国，他在钦天监的经历，以及他的科学成就，等等。内含的一个问题，就是中国在十八世纪“开始现代化”，在这个过程中，中国受到西方什么影响（最后的发现，似乎是没什么影响，这当然不敢说是定论）？当时外国人起作用最大的，可能就是绘制地图了。康熙皇帝对于外国人在华绘制地

图一事也很感动，而且此事在欧洲颇为一些人崇拜。但双方“无意识”的互相影响有没有呢，又是通过什么途径？对这个问题，我与研究刘松龄的斯洛文尼亚合作者之间，也有过一些对话（如双方已被置于同一个“场”内云云）。

第二篇《刘松龄笔下的乾隆十三年》主要引述了他最具争议的两封私人信件。据说，由于清政府杀死了秘密传教的外国教士，终于引起了“上帝的报复”：不但有几个亲信大臣被治罪，甚至赐死，乾隆十二年除夕，已默定继承帝位的皇太子突然得病夭折；乾隆十三年春，最得宠的正宫娘娘也一病而亡，因此皇帝几乎发了疯，“曾足踢皇长子仆地而痛击之”（他不到两年后就死了，所以外间有“踢死”皇太子之传说）。这些不但存在于斯洛文尼亚现有的刘松龄私人信件中，在中国民国年间发表的材料中也有若干记载。而我们除了外国人的记录之外，从未见过如此详细生动的史料。刘松龄不仅迹近诅咒皇帝，甚至预言不久中国就可能发生推翻大清的人民起义。相应地，他还评论了清军在金川的“败仗”和质疑他们的军事实力——对于几年之后的“西师之役”，刘松龄也没有一句提到其军事能力，更不用说赞美它了。

要知道，刘松龄并不是一个“外国记者”，或本国的“持不同政见者”，而是在天朝任职的高级官员（后从正五品被恩赐为三品职衔，与郎世宁一样），这就提出了一个刘松龄“个人人品”的问题。据说，在同时代人中，刘松龄享有良好的声誉。另外，不顾及清廷的规定，他秘密书写和传递私人信件，更一直在秘密从事有关传教的活动。这些，皇帝可能都是知道的，却始终包容和保护了他。生活在中国的官场和那些阴谋诡计当中，刘松龄长时间闷闷不乐，这也是不待新材料的出版就能得知的。他还曾为教难一事上疏皇帝为之“辩护”，表现出复杂的人格。所以我面对那两封信，曾踌躇了几个月时间，难以下笔。

第三篇《宗教与科学——双重的失败》是有感而发。对刘松龄及其一生的事业，应该做一个怎样的评价呢？刘松龄是耶稣会在中国的首脑，一生与传教相始终，就在1774年他去世的前一年，耶稣会被解散了，再一年南堂大火，传教士不得不搬离（所以我称他为“最后的传教士”）。刘松龄的首要目标是传教，他坦言是失败了。科学，是他传教的手段（如“假手于天文”云云），结果又怎样呢？尽管我们惊异于《四库全书》收录了那么多的西学书目，尤其是那些能“促进生产发展、避免民众之苦厄、加强帝国防务”的实用性知识（谢和耐语），可在刘松龄看来，不但传教失败了，科学传播的事业也失败了。他特别遗憾的是，在中国使用的并非是最先进的科技。不久前艾尔曼教授来北京演讲《谁该为1600年后欧洲科学与技术传入中国的局限负责》，就说到同一个问题。学界更持有一种看法，即感叹西方科技未能在中国进一步传布，好像如是就可以早日带动中国的现代化似的。这也可以称为某种“科学救国论”。问题是：它是可能的吗？如果建立这一个假设，后面还要取决于怎样一个“一厢情愿”的单向的系列？再说，在欧洲现代化的原发地，“科学”在其过程中又曾起到什么作用？这也是弗兰克早就质疑过的。

在科学技术之外，传教士又传布了什么，如在“政治理念”和

"组织建构"方面？这就更可疑了。当时斯洛文尼亚所属的奥地利帝国（后来的奥匈帝国），在这些方面却是未见得有什么好夸耀的，无论是在内政还是外交方面，战争更是连年不断。二十世纪初，康有为曾游历欧洲，"游于其国内山野之间，则接目而睹者，巍巍之战垒也""政不逮下，学亦不逮下，一切人权不逮下。内事压制，民不聊生；外事战争，杀人盈野"，令他"失望至极"。相应地，久居中华的刘松龄却开始赞美它在很长时间里是一个有秩序的和平的帝国，不像欧洲人那么喜欢打仗。还说，中国人这么喜欢和平，是不是因为他们全都听命于一个皇帝，而欧洲却有好几个国王？

在所有这些方面，与传教问题一样，都存在着极大的争议，也都并非刘松龄个人所应负责。相反，我倒觉得刘松龄的所作所为，显示出一些值得称道的人品。他的那些想法（包括"骂皇帝"），并不"丢人"，也不影响两国的友谊（无论在历史上还是今天）。对清朝统治者的严厉批评，也许还拥有特殊的史料价值（同类的也只有那些朝鲜史料了）。刘松龄的腰杆是挺直的，不论他的勇气，其内在的"道义原则"（包括他的"不同政见""人权思想"和锐利目光），都不容随意抹杀。

《刘松龄笔下的乾隆十三年》是刘松龄研究之二，介绍乾隆朝钦天监监正刘松龄的两封私人信件，讨论的主题，正是乾隆十三年——空前严重的教案未已，又发生金川之役、皇后薨逝风波，以及政府政策收敛，等等——这一非同寻常的年份。其中提到若干中国史料没有谈到的史事，就是对同一个问题，也有着不同的看法。

无疑，作为耶稣会士的刘松龄具有他不同一般的眼光和立场。这是不难理解的，也是不多见的。如何对待类似的史料，也就成为我们清史研究的一个新的问题。原文如下：

乾隆十四年十月十九日（公元 1749 年 11 月 28 日）傍晚，西洋传教士刘松龄（Augustin F. Hallerstein）在南堂（宣武门教堂）西侧居室昏暗的灯光下，写了两封信。就好像一个秘密工作者，他总是在“信差”临走之前写信，然后立即交来人带走，以策安全。

第一封信是写给意大利耶稣会“拿波里省”负责人 Nikolaju Giampriamu 的。Nikolaju Giampriamu（喜大教）以前也来过中国；所谓耶稣会“东亚省”及“拿波里省”，不是别的，而是耶稣会自己划分的“省份”（或“教区”）。此信后来发表于耶稣会杂志《新世界报告》。又，费赖之（Louis Pfister）《在华耶稣会士列传及书目》有传，称喜大教神甫，1716—1720 年在朝治理历算，似得

◉ 宣武门教堂（南堂）

◉ 郎世宁像

皇帝信任；1721 年赍康熙皇帝敕大主教嘉乐书，赴罗马递呈教皇，奉命未还云云。写信人刘松龄，身份则是耶稣会“东亚省”（管辖中国和日本）的负责人，同时又是大清国钦天监监正，官居正五品。他们已经有一年多没通信了，刘松龄依然希望着，现在驻在中国这些人的报道会给欧洲同胞带来令人愉快的消息，但实际情况却远远出乎他的想象：

“一片乌云聚集在中国的天空之上……”

原来，传教士曾经抱有一点新的希望。在康熙、雍正年间的“礼仪之争”之后，中国奉行了严厉的“禁教”政策。乾隆帝即位之初，因辅臣议请，除内廷供奉的西洋人外，满汉军中布教者禁止居留，京师及各省都有不少教民被拘禁。

乾隆元年五月，意大利人郎世宁乘皇帝到如意馆观赏作画之机，跪求缓和教禁。上谕：“朕未尝阻难卿等之宗教，朕惟禁旗人信奉。”十日后，又召教士入宫，传达圣旨：“惟禁旗人信教，他皆不问。”

《燕京开教略》一书直誉“郎世宁片言之功，有胜千百之奏疏”。亦有谓嗣后对信教者即持宽大态度，迫害之事几绝迹者；又，1737 年，在印度果阿的时候，刘松龄就开始注意了解中国的情况，也听说了新皇帝的即位，以及有了一点希望等。

不过，事情却没有那么简单，果然，可怕的事态出现了，甚至比雍正时犹有过之。乾隆十三年：

“在福建，他们用刀和绳索杀死了属于多明我会的一个主教和他的四个助手；在南京，我们耶稣会的两位神父也被杀了；还有在江西，一个方济各会的人也被以莫须有的罪名杀害，说他们用谬论来欺骗老百姓。对信天主教的人也发生了不那么厉害的迫害，有的被折磨死了，有的丢了房子和被发配，有的则被鞭打。

“我们虽然受到皇帝的保护，也不完全安全。我和葡萄牙的 Feliks de Rocha 被叫到刑部，因为承认给天主教徒发放了一些书籍和画册，鼓励他们信教。但皇帝保护了我们，没让审判。

“这个风暴大部分已经过去了，但我们还不能肯定，它会不会在什么别的地方爆发。”

据中国方面的史料记载，乾隆十一年六月，闽北福安县破获了一起西洋教士秘密传教的案件，四位神父费若望、德方济各、施方济各、华若亚敬被抓了起来。在酷刑拷问之下，他们供出了居住福宁府城的福建教区主教白多禄（又名桑主教、桑斯主教）。他是在雍正年间被驱逐出境，又于乾隆初潜回传教的。闻知消息之后，白多禄到官府自首。

福建巡抚周学健向以维护纲常、仇视洋教著称。他在给皇帝的奏折中渲染传教士“招致男女，礼拜诵经，以番民诱骗愚氓”等种种不法之事，引起了皇帝的重视，并由福建一省如此，推想到外国人亦必潜赴他省传教，于是密谕各省大吏：“如有以天主教引诱男妇，聚众诵经者，立即查拿，分别首从，按法惩治；其西洋人俱递解广东，勒限搭船回国。”

周学健却不愿遵旨了结福建教案，在其督责之下，大小审判多达九十四次，被捕获的传教士每次均受重刑。他再次折奏问题的严重性：“西洋人精心牟利，独行教中国一事，不惜巨金。现据白多禄口供，澳门共有八堂，一堂经管一省，每年由西班牙国拨出银款，运交吕宋会长，再由吕宋转运澳门各堂散给。”并请旨“将白多禄等按律定拟，明正国典”。

据福安一县教徒多至两千余人，推定全国“何能悉数”，皇帝觉得有点危言耸听，于是用朱笔在奏折上批了“未免言之过当”几字，对所请“明正国典”，却加上了“然照律定拟，自所应当”的朱批。第二年（乾隆十二年）五月，白多禄主教被处斩。其余四名教士的死刑暂缓执行，留待当年秋审再定。

被“缓决”一年以后，乾隆十三年秋，皇帝终于做出决定，将监候待决的费若望等四名传教士在狱中秘密处决。为了防止消息外逸，下达这项绝密指示时都没有通过军机处，而是让陛辞回闽的将军新柱将旨意直接传达给闽浙总督喀尔吉善，然后以“瘐毙”——在监狱中正常死亡——奏闻。

但消息毕竟走漏了一部分，据天主教方面描述四教士之死的《流血记》说：是年秋，乃谓西洋教士四人系病死狱中。德（方济各）神父系十月某夜勒死于狱中；华（若亚敬）神父在闽县监狱，以石灰塞住五官，使其窒息而死；费（若望）、施（方济各）二神父则同被绞死狱中。

白多禄主教等被捕的第二年，乾隆十二年，江苏昭文县亦查获了秘密传布天主教的意大利人谈方济和葡萄牙人王安多尼。江苏巡抚安宁以宣传邪说、诱惑居民，请旨将其处以绞刑。皇帝为此密谕安宁："此等人犯若明正典刑，转似于外夷民人故为从重；若久禁囹圄，又恐滋事，不如令其瘐毙，不动声色，而隐患可除。今王安多尼、谈方济二犯，亦应照福建之案速行完结。但此等信息，稍不慎密，恐不待传播而彼处已知。应于接到谕旨之日，即传司府，密谕遵照办理，不得稍稽时日，以致泄露。"于是两名西洋传教士均以"在监病故"之名，于乾隆十三年闰七月二十日在狱中绞死。

在江苏南京，稍后又有西洋王神父被囚，已定绞罪，蒙恩递解澳门，驱逐出境的案件；他如四川、山西、山东、江西、广西、湖南都发生了大大小小的仇教事件。

如同晴天霹雳，这一系列案件在外国传教士中引起的感受可想而知。为此，刘松龄愤慨地写道：

"一片乌云开始聚集在中国的天上，不久就要像一个血雷一样打下来了！"

何以这样说呢？原来这不是没有缘故的，"上帝的报复"已适时地来到了。

"阁下必定已经从其他的报告里知道了，上帝对这些基督教的敌人，是怎么的报复了！

"讷亲，第一亲信大臣和最了不起的尚书，在皇帝签发的文件中，说了很多羞辱他的话，并在他带领的部队前当众被砍了头，首级被放在杆子上示众。

“福建的汉人总督被绞死。”

（此人当为周学健，时为江南河道总督，按中国史料的记载，他并非绞死，而是“赐令自尽”的。因为在皇后丧仪期间他剃了头，按照满洲的习惯这是不允许的。）

“两江总督，满洲人”——这可能就是尹继善了，但刘松龄信中不少说法与中国史料不符，这是不难理解的，似乎也应多方查证——“被发配到满洲，他被没收了土地房产，拿着扫帚在宫廷扫地，每月只有一两银子的生活费。”

据说天主教人士认为，这次教难的罪魁祸首为福建巡抚周学健。乾隆十三年，周学健已升任南河总督，因为犯了皇后丧内百日不准剃头的禁令，又查出其他种种贪污劣迹，而被乾隆皇帝赐令自尽，教内人士闻之额手称庆，说是“天主之罚”。然后更可怕的报复还在后头。

“皇帝还丧失了正宫皇后为他生的一个儿子，这是上帝的要求！这还不够，因为他们有不少儿子，都是跟妃子生的。尤其使皇帝感到恐惧和难受的是它发生的时间，第二天就是中国的大年初一，这对中国人是特别糟糕的事情。如果这天死了孩子，这家长肯定是一个受到诅咒的人。

“皇帝为了避免舆论的羞辱，发表了一个布告，先说自己和皇后如何了不起，然后承认这个灾难的原因是自己曾做出一个伟大的决定，想让正宫皇后的儿子继位，而清朝以前的继位人都是妃子生的，因为他太得意了，所以出现了这样的不幸。”

据中国史料记载，乾隆十二年除夕，皇七子永琮突然出痘而亡（年仅二岁），他虽未经册立，但已默定继承帝位。而在这之前，曾定为皇太子的次子永琏，也于乾隆三年患病不治（年九岁）。两位皇子又皆为皇后富察氏亲生。

乾隆帝的母亲画像

面对一连串的打击，皇帝表示："嫡嗣再殇，推求其故，得非本朝自世祖章皇帝以至朕躬，皆未有以元后正嫡绍承大统者。似此竟成家法。乃朕立意私庆，必欲以嫡子承统，行先人所未曾行之事，邀先人所不能获之福。此乃朕过耶。"（此日正是旧历除夕）

据记载，就在皇子夭折之后，钦天监曾奏："客星见离宫，占属中宫一眚"，预示中宫皇后将有祸殃临头。在随后东巡的路上，皇后常常梦见碧霞元君在召唤她，遂与皇上一齐许下心愿，亲往泰山碧霞灵应宫还愿。也有人说是去帝舜庙。

但是，"上帝对他的野心的第二个报复，不比第一个小，是他丧失了自己的皇后！他们在山东时，去往一个庙里祈祷，在回来的路上，皇后突然生了可怕的病，一天就死了，给皇帝带来极大的羞辱。因为那些神不要听他的祷告。这个可怜的皇帝感到这么严重的丢了脸面和难以忍受，于是就变成了一个很厉害的仇恨的爆发者"。

爱子与爱妻的相继过世，使乾隆帝一反常态，据说，他变得暴躁易怒，严苛无情，动辄大发雷霆。首先成为他的目标的就是皇长子永璜和三子永璋。他们因在丧礼中没有哀伤的表示，“于人子之道毫不能尽”，被宣布“断不可承继大统”。

“他拿脚踏他的皇长子，然后命令打他……就在两年以后，这一位皇长子也薨逝了，说他在皇后丧仪上不够悲哀。另外把两个大臣打得是这样厉害，以致一个当天死了，一个过几天也死了。另一个大家认为最有智慧有文化的一品官，也在宫廷遭到审问，几个月后才得到赦免。另有一个地位一样的人，虽经他母亲求情，还是在皇帝眼前挨打，几乎打死，然后很没面子地从宫廷拉出去了。”

随后，因为丧仪中的过失，刑部堂官署理满尚书盛安、汉尚书汪由敦，侍郎勒尔森、钱陈群、兆惠、魏定国均被革职留任，阿克敦斩监候，秋后处决（后被赦），光禄寺卿、少卿、署丞被降级调用，工部被全堂问罪，礼部尚书海望、王安国降级调用，宗人府也几次受到申饬。

其后，外省官员也被殃及。两江总督尹继善、闽浙总督喀尔吉善、湖广总督塞楞额、漕运总督蕴著、浙江巡抚顾琮、江西巡抚开泰、河南巡抚硕色、安徽巡抚纳敏等五十三名，均在惩处之列。

风暴继续扩大，由于“违制剃发”，总督尹继善、大学士高斌受到严谴，周学健（另有受贿罪）与塞楞额则被赐令自尽，湖南巡抚杨锡绂、湖北巡抚彭树葵均被革职。据费赖之说：“其时，帝已年高（实不到五十岁），而残忍殊甚，致受天罚。其嫡生之独子殁于中国新年元旦；若干时后正后继殁，帝痛愤至极，几类疯狂。曾足踢皇长子仆地而痛击之；又将朝中重臣二人杖毙；征苗之役劳师无功，全国怨愤。若使中部诸省亦有叛乱，时人咸信清朝必亡。”

较之更早谈到这一问题的，是马戛尔尼使团成员约翰·巴罗（Barrow），他写道：“在一次巡察中，皇帝看中了一个才貌双全的苏州女子，有意带回京城去。皇后通过一个太监得知皇帝有了新欢，害怕今后失宠，郁郁不乐，几天之后便以一条白绫自尽了。皇帝听到这个伤心的消息十分沮丧，立即返京。他的一个儿子没有穿对丧服，皇帝恼怒之下，猛踢了一脚，不幸踢在了要害部位，最终证明乃是致命的一脚；同时，皇帝曾经棒打他的两个已成年的儿子。”

事情却还没有结束。

“正当皇帝在宫中对自己人发疯的时候，在四川发生了一个起义，很长时间就存在着星星之火，现在它爆发成了一场大火。这也是上帝对皇帝的惩罚。他派了十万多满洲部队，目的是进攻这些上帝的子民，打败他们。但是这些起义者依靠很大的胆略把他们打败了，而且使他们伤亡很大。更大的羞辱则是所谓软弱的中国人，打败了最能打仗的满洲人。

“皇帝失望了，决定撤回部队。底下的军官通过私下活动，跟敌人秘密对话，答应给他们很多钱，还派了人质，并给他们无限通商贸易的自由，这本来就是这次冲突发生的原因。要求他们表面上服从皇帝的权威，请求给予和平。这对起义者有利，他们足以自豪了。对皇帝则相反。为此，皇帝在整个中国都被看不起。认为他是一个相当没有决心和胆怯的皇帝。虽然他自己希望老百姓会像对一个胜利者那样崇拜他。”

这就是著名的第一次金川之役，是乾隆十三年的另一件大事。金川之役耗费了军费近二千万两（当时一年岁入仅二千七百余万），调用了十万官兵（加上夫役几近二十万人），死伤上万，阵亡总兵、副将、参将等将领数十人（对方只有人口一万，战士数千）。为了这场意想不到的挫折和惨败，处死了经略大臣讷亲（皇帝最宠爱的大学士、军机大臣）、川陕总督张广泗、大学士庆复等。战争最终以一个虚假的“胜利”结束。

特别值得一提的是，讷亲身为一等公、保和殿大学士、首席军机大臣，兼管吏户二部，为乾隆帝亲手调教培养，十余年来“第一受恩之人”，现在成了第一“负恩”之人。他的“军前正法”，使满朝为之震惊。皇上简直就是以之泄愤、立威了。这在乾隆朝十几年时间里，还是没有过的。

皇帝不得不说：“朕御极之初尝意至十三年时，国家必有拂意之事，非计料所及者。乃自去年除夕，今年三月，迭遭变故。而金川用兵，遂有讷亲、张广泗两人之案，辗转乖谬，至不可解免。实为大不称心。”

在乾隆十四年底的同一天里，刘松龄还写了第二封信，这次是寄给他的兄弟 Vajkardu 的。刘松龄的弟弟 Vajkardu 也是耶稣会士，为比利时国王的神父。在这封信里，他专门谈到了金川之役：

“（在战斗中）军队伤亡惨重，满洲人真丢了面子。他们的军事能力已经落下去了，他们的胆子也落下去了。

“虽然满洲人在全国丢了面子，皇帝还把它当作一个大的胜利来

◉ 清代的八旗铠甲

庆祝，比法国打败比利时更大的庆祝。不过虽做了样子，全国还是在笑皇帝。

“现在事情全部过去了。但我看不出这些满洲人还能有多长时间来控制中国？满洲人的力量已经弱了，从几个地方能够看得出来，这一次打仗就看得更清楚了。一个共同的认识是，中国人是比较容易赶走满洲人的，如果在江苏、浙江发生了什么起义的话。”

刘松龄几乎把这称为“解放”，他的立场好像是更多地站在了“受压迫者”的一边，强调了他们和满洲人之间的矛盾。这不是很值得注意的么！

这里还有两个问题值得探讨。第一个是刘松龄对清朝军事力量的看法。他认为，通过金川之役，可以看出满洲人的军事能力已经低落了；大约同时，这场战争在李安德（1689—1772）的日记中被翔实地记录下来。他是一位著名的来华天主教传教士，在其传教基地成都，他叙述了清军高昂的阵亡损失：一些士兵被金川人砍成肉泥，一些士兵饥寒交迫成了残废，一些士兵为逃避敌军追击纵身跳下悬崖，许多将校在绝望中上吊自杀。冻疮严重削弱了清军的战斗力。清军阵亡士兵的遗孀在官府没有发给她们抚恤款项的情况下，到成都地方官的衙门门前示威抗议。在这种糟糕的形势下，谣言四起，甚至谣传乾隆帝已经驾崩。为此，亚历山大·伍德赛德（Woodside）在《剑桥清代史》第五章《乾隆朝》里写道，满洲旗人所向无敌和办事高效的声誉在金川宝塔形状的碉堡前完全破灭。而在稍后一封关于平定准噶尔的信里，刘松龄都没有一句话夸赞清朝的军事力量。

第二个是对金川之役这场战争的缘起，清朝一方的史料把过错都推在了对方身上，如说他们抢劫行旅（“夹坝”），侵略友邻，威胁进藏道路塘讯等。而据刘松龄说，这次冲突发生的原因，本是为了争取“无限通商贸易的自由”，这就打破了单方面史料的限制。

中国学者很容易说，刘松龄“错了”。他们更为相信官方的史料，好像清代官书上有的，才算是有，没有的，或不符合的，就不能证明似的。殊不知，那是靠不住的。原因之一就是，清人一直在修改他们的史料，特别是档案史料。其结果，必然是几乎什么都“考订”不出来，什么“考异”都无法证明。

汉人——或当代那些相信传统经济是“自给自足”的汉人学者——不够重视经济贸易，这不奇怪，但周边或内地的其他民族并不是这样的。读一读《清高宗实录》，就可以知道与北方民族打交道时，“贸易”占有了多么重要的地位！金川就应该“例外”吗？那里岂不是以盛产黄金而闻名？据张慧剑校注《儒林外史》，吴敬梓（1701—1754）“摄取的故事素材有发生在1748年（即乾隆十三年）的”，可能即指第三十九回所说，“过了半年，松潘卫边外生番与内地民人互市，因买卖不公，彼此吵闹起来，那番子性野，不知王法，就持了刀杖器械，大打一仗……”；又，金川是有名的黄金产地，还盛产药材，都可以和其他地区交换……

让我们再来举一个例子。乾隆三十六年至乾隆四十一年发生了第二次金川之役。起因就很复杂，除了官书档案所记大小金川强横不驯外，据章嘉国师若必多吉说：该部之人多剽悍尚武，地方到处是狭谷峻岭、河流环绕，道路艰险难行。该地流行“格鲁派”以外的各种教派，而主要崇奉“本教”。因附近一些汉人地方官吏敲诈欺压，故彼等倡乱反叛。所谓“本教”，即藏传佛教红教“嘎当派”，所谓“格鲁派”乃黄教教派。同样或类似的情况，难道不可能发生在第一次金川之役吗！

清史研究，正如其他历史研究一样存在一个重要的问题，就是如何对待史料的问题。这一问题又因为清代实行严厉的文字管制而更加严重，其实施又是这样的成功，以致“持不同政见”的史料只有在外国人的记载中，才可偶一见之。而有关材料，过去我们熟知的只有朝鲜使臣报告，此外就不多见了。刘松龄私人信件的史料价值，也就不言自明。我们最好还是在这里多停留停留。

对传教士的迫害并没有继续下去，刘松龄继续写道：

“我们发现，打击我们的官员的地位下降了，但是欧洲人和天主教、基督教的最大敌人正是皇帝自己，而且他身体还好（不会立即死亡）。他基本上听从他父亲的原则，欧洲人只是在宫廷有用，而在外地各省没有什么用。所以他下决心把传教士从各省赶走，但容忍他们在首都存在。不过传教士也受到限制，不能帮助信教的中国人，也不能保护他们。官员有一个背后使坏的办法，封闭了我们所有的渠道，不让我们用书面的或口头的办法和皇帝说话，以保护这些传教士……”

刘松龄似乎拥有多重的身份，他是一个传教士。传教，在他看来是最崇高的使命；他同时又像是一名“外交官”，或“驻外记者”，向自己国家（或教会组织）报告驻在国的“新闻”，或在报刊发表自己的发现；有的时候，更像是一名“持不同政见者”；但他同时也是中国的一个官员，据费赖之《在华耶稣会士列传及书目》：中国政府给他们的“酬劳”，仅供传教士一小部分需要尚虞

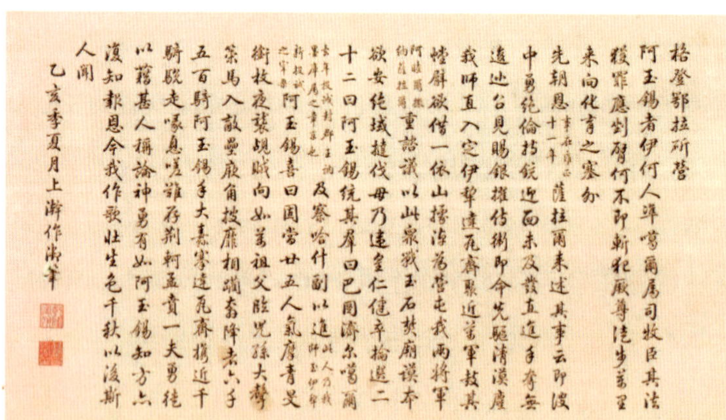

乾隆帝御题格登鄂拉斫营之战

不足，彼等所恃以为生者，盖为欧洲慈善家之捐款，就中以德意志捐款为巨。负责“天文”等“科学”工作；有时也不免参加一些外交事务（乾隆十八年刘松龄即因迎接外国使臣“甚属黾勉”，而被给予三品职衔）。他接着写道：

“阁下您可以看得出来，我们处在怎样危险的情况下和在怎样的宫廷，给怎样的君主服务。我们受得了这种工作，只是因为职业的目的，希望我们在这个国家的存在和为皇帝的服务，可以给上帝显著的贡献；其次为了可以保护我们这个残破的传教站；第三，为了好几千中国教徒的利益。

“关于我和我的同伴的工作，我们忙碌地进行天文观察，我希望如果上帝让我长寿和有更多的力量，能够尽快地完成一部比较厚的书（按：即后来出版的著名的《天文观察》）。除了日食和月食，我们也观察木星的卫星，它怎么从木星的影子出来和进去。也通过跟那些不动的星的比较，观察其他卫星的位置。我们做的是那么仔细，以致把所有的天上星球的变化都做了记载。”

他又谈到需要新的天文仪器，以及经费不足等问题；但尽管有着这些困难，他仍与圣彼得堡和伦敦的科学学会建立了学术关系（亦被选为伦敦皇家学会外国会员）。

“1745 年，圣彼得堡的男爵 Korff，过去圣彼得堡科学院的院长，现在瑞典宫廷的大使，他代表全体圣彼得堡科学学会会员邀请我们和他们通信。同时他很高兴地赠给我们三箱他们科学院出版的珍贵的书籍。对于这些没想到的邀请和礼物，我们靠自己三个教堂的经费，给他们寄了一箱中国的书。有的是数学方面的，有的是其他内容，是我的前任，按照那时一些比较准确的方法所做的观察。圣彼得堡科学学会收到了这些书，特别高兴，我们今年得知，他们决定利用第一个俄罗斯的商队，带来一批欧洲的新书和新的西伯利亚的地图。我们正在热切的期望这批礼物明年能够到达。

“伦敦国王学会（科学院）的书记，Cromwell Mortimer 先生，他也作了努力，给我写了一封热情的信，希望我们给他及其同伴提供科学的服务，并以他们的名义，请我们经常通报天文研究的成果。因为他的热情的态度，我们今年收到了一本哲学论文。

“出于同样的目的，法国的 Del’lsle 给我们北堂神父 Gaubil（宋君荣）写了一封比较长的信，里面描写了当代欧洲天文学的情况，也写了巴黎、伦敦和博洛尼亚科学院为进一步发展天文学所做的努力。同时他希望我们也对天文学的发展做出贡献。”

以上圣彼得堡、伦敦、巴黎诸人皆属费赖之所谓“欧洲第一流学者”之列。

接着笔锋一转，刘松龄又写道：

“当然我们来了这个国家不是为了天文学，不过，我不耽误任何机会，如果有时间我们就搞科学，一部分是为了继续和欧洲的朋友们互相联系，一部分是为了劝说中国人，他们还有多大差距，为了能完全掌握科学，所以他们还需要我们。现在有很多假的科学家在中国，他们在宫廷也自称是最了不起的天文学者，如果他们得到了承认，将成为最后一次对基督徒和欧洲人的打击，也会给我们带来很大的灾难。

“在安南的北部和南部的朝廷，我们的两个欧洲传教士，南部的 Joseph Neugebauer 和北部的 Venceslav Palechek，他们两个比我们更安全、顺利得多，因为没有人阻碍他们的工作。Palechek 对安南的国王说明了他自己要从西方来到东方的目的。那个国王非常赞成地喊起来：我们怎么能打击有这么好的教师的宗教呢！同时，他命令释放所有的、以前为了这个宗教被关起来

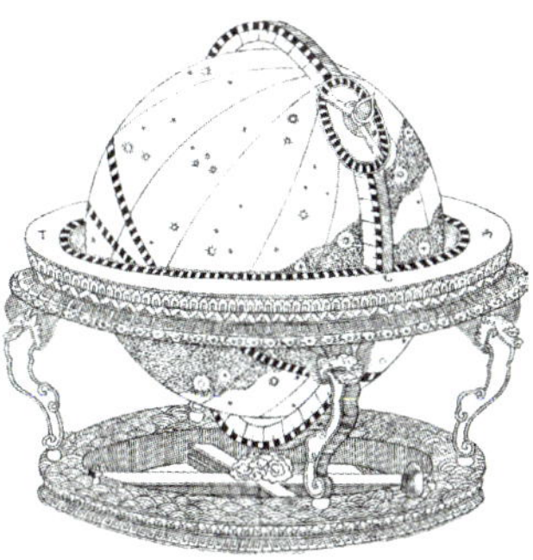

天体仪

黄道仪

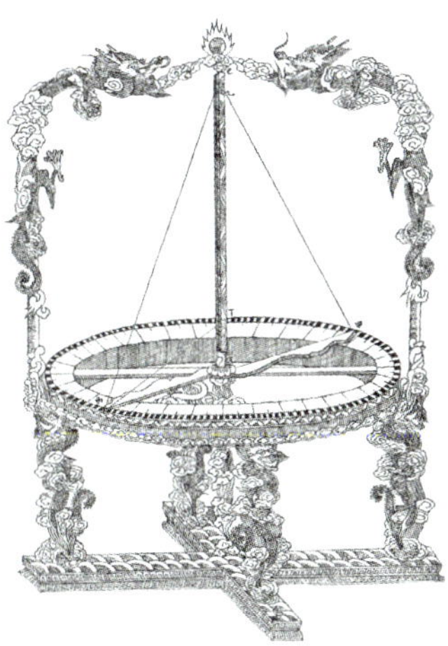

地平经仪

赤道经纬仪

的人，而且以后不再为此打扰他们。在蒙古，王爷和其他的王对我们和我们的宗教也有非常好的态度。我希望在上帝的帮助下，中国的皇帝的眼睛也会打开，尊敬我们的宗教。

“阁下如果非常认真的做礼拜，是我一个非常朴素的要求。”

也许，刘松龄只能寄希望于欧洲那些同人的祈祷和祝福了。在南堂居室昏暗的灯光之下，真说不出他有多么的孤独。同时有另一个法国传教士写信，也说到北京的生活是多么寂寞。

还是在十年之前，乾隆四年，刘松龄到达北京，并进入了钦天监。乾隆八年，他补授为钦天监监副，从乾隆十一年开始担任监正一职，到写这封信的乾隆十四年，他正好四十六岁，而乾隆帝正值三十八岁，都进入中年。

大清需要这些外国人的服务，让他们在政府里担任较高的职位，参加若干重要的工作。若没有这些外国人，那一切都不会是这个样子。但皇帝就完全不了解他们复杂的另一面吗？他明明知道，传教士的第一目标是传教（“科学”只是为之服务的一个手段），明明知道他们跟一些“教案”有关，知道他们不喜欢官方任命的那些“信使”，而宁可另外寻找“自己人”（刘松龄的信件大多是那样发出的）。如乾隆三十一年九月甲戌，军机大臣等议覆，两广总督杨廷璋奏称，西洋人在京效力者，其乡信往来，向系澳门夷目，或在省行商雇人代为传递。嗣经奏准，严禁行商脚夫等私行代递。但自定例以来，过了六七年，未见有西洋人呈请转达奏咨之事。至询问傅作霖、刘松龄等，据称向来西洋人所有书信，其从京城寄至广东者，亦由提塘递送，并未承认乃私下递送。

显然，作为一个中国的皇帝，他就必须包容这一切。如刘松龄等人恐怕不止一次涉足传教案，这次仅是其中的一例（如他所说“皇帝保护了我们，没让审判”云云）；又，据费赖之《在华耶稣会士列传及书目》：刘松龄虽在朝陆续治理历数天文，然于灵魂之救赎，信众之感化，仍以余暇尽力为之。其信札有云：“每次与教外人语，不特不将教法隐秘，辄纠正其错误，说明吾教真理。”又，1748 年，有人谮刘松龄与傅作霖于帝，谓其将十字架、祈祷书、图像、念珠及其他信物散给被难之教民，然帝置而不问，其事遂寝；而四年之后，乾隆皇帝就把刘松龄的官位从五品提升为三品；这也成为一个“先例”，以致马戛尔尼来华时，接待英国使臣的钦天监官员也一律提为三品。

在这之后，刘松龄还在钦天监服务了二十五年，直到乾隆三十

来华传教的耶稣会会士

九年，以忧郁卒。据费赖之《在华耶稣会士列传及书目》：刘松龄闻耶稣会废止消息，即于1774年10月29日以忧郁卒，终年七十一岁。他前后一共在中国达三十五年之久，一如已知的那些成文不成文的规定，他没有娶妻，没有生子，也再没有回到他的祖国，最后就葬在了北京阜成门外的墓地里。那个曾被“诅咒”过的皇帝，则到更久以后的1799年，八十九岁高龄，才不情愿地离开了这个世界。也许，无论是外国传教士，还是中国的皇帝，他们彼此相对而言，始终都是一个“谜”，并给我们后人留下了更大的谜团。

在同时代人中，刘松龄享有良好的声誉。据说，公正无私之忠诚，始终构成其性格之一面；其处理事务谨慎贤明，刚毅而有才具，全国神甫皆爱戴之；宋君荣（Antoine Gaubil）在其信札中常誉扬松龄之工作勤挚，学识渊博；又有记载说，刘松龄交游甚广，对人殷勤谦和，不特中国大员敬重其人，即与之交换信札著作之欧洲第一流学者亦皆表示钦尚。据说，乾隆十二年（1747年），刘松龄曾为教难事上疏皇帝为之“辩护”。乾隆十一年教难时，北京诸耶稣会士闻讯，急求朝中友好营谋挽救，然皆无效；1768年前后，京中又有一教难开始，刘松龄与钦天监同僚二人，尽其所能以真情向帝表白，但教难仍不免于爆发，特其势不如所畏之大也。表明他是一个有责任心且勇于公开表达自己意见的人。

在剩下的四分之一世纪的时间里，刘松龄当有不小的变化，他更了解中国了，可能也更爱中国了。他曾写了不少文字赞扬中国的文化，甚至夸奖了乾隆帝的认真和治国能力。不过所有这些，就不是我们一篇短文所能容纳的了。

陆

乾隆朝经济史回顾

首先是人口问题

提及十八世纪，人们常常会遇到这一问题：为何要以人口开局？

问题也许可以这样回答：首先，就是人口具有特殊重要的地位；法国年鉴学派大腕布罗代尔（F. Braudel）曾说，“一切都同人口数字及其波动相关联”“似乎整个人类都服从同一宇宙命运，与（人口）这个首要因素相比，人类历史的其余因素统统只能退居次要地位”。其次，应该看到，从十八世纪中叶开始，全世界的人口出现了一个与前大不相同的持续增长，直到今天，成为世界历史上罕见的“共时现象”。

清代人口问题，我在研究的开始（在四川），就“不期然而然”

遇到了，那还是所谓“以阶级斗争为纲”的时代（不幸的是，其后“人口众多”取代“阶级敌人”成了中国“落后”的替罪羔羊）。以后一发不可收拾，渐渐形成了自己的人口观点。简单一句话，就是对历史上的人口增加，不再是“倒霉看反面”，一片“余哀”。

人口不是局部性，而是全局性的问题。我慢慢就发现了。清代十八世纪的政府政策，可以说都是在这一个旗号下展开的。就好像那些年我们的“现代化”。在清代，这口号就是面对“人口问题”。

人口问题意义重大，我们不得不多停留一会儿。

民国年间，中国的社会科学才刚刚兴起，崇洋媚外的风气很盛，那时候如果发现一个事物外国也有，那就行了。比如乾隆末年的洪亮吉，恰好与法国的马尔萨斯同时，于是就被称为“中国的马尔萨斯”，红极一时。也表明国人在学术上之崇拜外人、好拾牙慧，达到了什么程度。毕业以后我读了实录，发现在洪亮吉以前九十多年，清圣祖康熙皇帝就谈到了人口问题。语言各有繁简，但意思是差不多的。特别是，他们的主旨都是要发展生产，积极地面对问题解决问题。这成了中国人口思想的主流。就此而论，他们都不是“马尔萨斯主义者”。而且，当时不只是康熙皇帝，雍正皇帝、乾隆皇帝以及一些大臣，几乎朝野上下都在谈论人口问题，成为一种共识。它牵连出一系列的政府政策，成为我们的研究重点。

我的有关著作是在1995年出版的（它获得了“东方历史研究出版基金”1994年度出版资助）。在书中我回避了一个问题，就是假如有人提问，你说的康熙皇帝再好，他怎么没有主张计划生育、减少人口压力？他有什么好的？

我意识到存在这样一个问题，但是我一直回避了，直到 2015 年。这时我才意识到，康熙皇帝的人口思想完全是正面的，是合乎伦理、正常的。西洋人马尔萨斯的人口思想却可以说是反常的，甚至可以扣一顶大帽子，说他是反人类的。尽管我曾说道：

"还有一点是人们认识不够的，即以康熙皇帝为代表的中国人口思想的主流，是乐见于，而不是限制人口的增长，并以一种积极的态度，力求用经济的发展来满足日益增加的人口需要（其后洪亮吉的人口思想并没有逸出这个主流之外，中国比较接近马尔萨斯的是十九世纪中叶的一个罕见人物汪士铎）。"

据说到十九世纪，以发展经济为主导解决政治问题的思想，才兴起于西方。西方的文化人类学，也曾把能否养育更多的人口作为文明进步的标尺之一，可惜学界对此一向都是反过来看的。

但是我的想法似乎还不够理直气壮。

为什么提 2015？是因为近十年以来，国内外颇有几位学者大

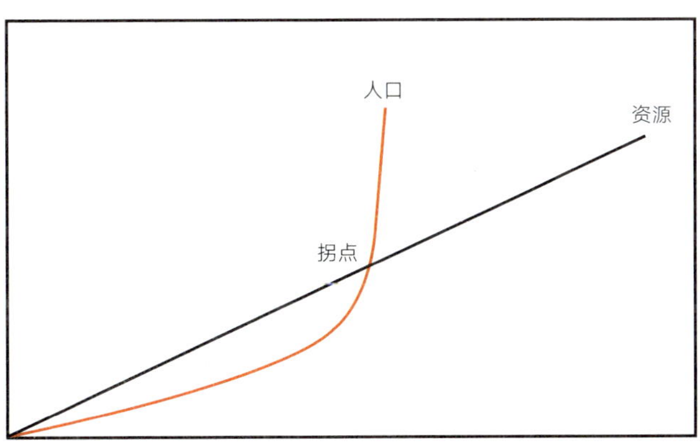

马尔萨斯的人口理论简图

张旗鼓地反对“计划生育”。他们的论据之一，就是中国人口已经减少了。还给我发来“伊妹儿”，说您不要再说中国人口多了，大家一起当“民族英雄”吧。我说，不敢当。要知道，在二十世纪八十年代我就是一个“历史的看客”，当什么英雄？而且，我有两点不同意见：第一，“计划生育”的兴亡，有其道理，不能因为人口多就正确，人口少了就废止。第二，对于官方人口数据的看法，我也有自己的学术考量，不同意随意而为。这样，到了2015年，官方承认中国人口的增长率是下降了。遮遮盖盖了好多年，终于承认这套数字有假了。而且，放开政策，宣布可以生第二胎了。我立刻想到，可以回答我一向回避的一些历史问题了。

这年冬季，有朋友推荐我去中央电视台《百家讲坛》去讲乾隆（也是因为那几年《乾隆十三年》卖得不错）。我就提出，风花雪月咱讲不了，要去就离不开那些严肃的话题，比如政府政策等。其中一个重大的考虑，就是这个人口问题，实在有些话可说和应该说（最后没有成行，那是另外的问题了）。

我最近查阅一些文件，发现二十世纪八十年代黄仁宇来信说，亚当·斯密“也以为人口多是好事”。看来我的类似想法是早就有了，直到今日才有更明确的认识。

学界对我的研究也存在不同意见，尽管没有点名其矛头是指向谁。他们都是业内的资深学者，也可以说是“智者千虑，必有一失”吧。一种意见是针对人口“压力”这一个概念的。以为只有问题比较严重，或者说引发“危机”了的时候，才称得上是压力。比如乾

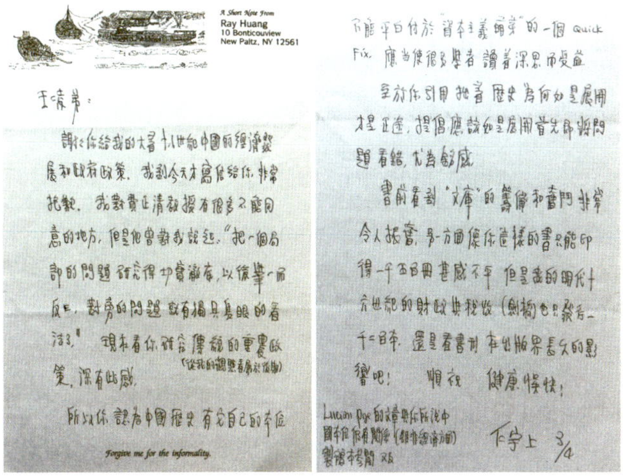

A Short Note From
Ray Huang
10 Bonticouview
New Paltz, NY 12561

王凌弟：

謝謝你給我的大著《十八世紀中國的經濟發展和政府政策》，我到今天才寫信給你，非常抱歉。我對費正清教授有很多不能同意的地方，但是他曾對我說起："把一個局部的問題研究得切實徹底，以後舉一而反三，對旁的問題就有獨具慧眼的看法了。"現在看你研究傳統的重農政策，深有此感。（從我的觀點看屬於後期）

所以你認為中國歷史有它自己的本位

Forgive me for the informality.

不能平白附於"資本主義萌芽"的一個 quick fix，應當使很多學者讀着深思而受益。

至於你引用拙著 歷史為何如是展開 才是正途，提倡應該如是展開首先即將問題看錯，尤為欽感。

書前看到"文庫"的籌備和奮鬥非常令人振奮，另一方面像你這樣的書只能印得一千五百冊甚感不平。但是我的明代十六世紀的財政與稅收（劍橋）也只發行一千二百本。還是看書刊在出版界長久的影響吧！ 順祝 健康愉快！

Lucian Pye 的文章與你所說中國本位很有關係（但非經濟方面）

仁宇上 3/4

黄仁宇与高王凌的通信

隆末期，或十九世纪中叶。否则就不算。

我不同意这种观点，实际上压力，或者说负担早就存在了。比如康熙皇帝说，朕凡巡幸地方，所至询问，一户或有五六丁，止一人交纳钱粮，或有九丁十丁，亦止二三人交纳钱粮。如此人口越来越多，耕地并不增加，明显造成了一种压力。

另一种意见认为，康熙皇帝的这种看法根本就错了。因为当时中国的人口不过只一亿出头，远没有乾隆时期的两亿三亿之众。这不是没根据的瞎说吗？

我觉得这种说法也未免太不科学，太自以为是了。口述史的方法里有一个严格的规定，就是不允许访谈者随意说访谈对象是"错"了。即使有些问题，也只能"将错就错"，想办法理解。我想这条就适用于这一场合。历史就是这样复杂，你想把它摘得干干净净，那还是历史吗？何况康熙皇帝就在这种"错误"的认识之上，提出了一些跨时代的政策想法，直到今天还有其价值。要是那么四平八稳、“政治正确”，他还能提出这些来吗？

一个“同步现象”，人口持续增长，导向了第二个“同步现象”：加强政府。这也许正合了西谚所说的“条条大路通罗马”，它们都指向了“政府政策”问题（而非政治制度问题）。应该说，这与我年轻时的内心关切有关。

我在毕业之初，还做了耕地和人口数量的研究，以致为某些老史学家（如吴慧）称道。由于对“以丁折口”持不同意见，江苏史学家顾纪瑞请我作为特邀嘉宾，到一个人口史会议上宣讲我的文章。

其中最有代表性的几篇文章，可能就是《清代初期的中国人口》《清代初期中国人口的估算问题》，此外还有，《关于“清代人口研究”的几点质疑》《清代人口研究述评》《明清时期的中国人口》《关于清代中国的耕地面积》《明清时期的耕地面积》等，大体上都是写作于那一时期。

何柄棣

二十世纪八十年代初期，还是一个清史研究的初始阶段。有许多基本的问题亟待解决，比如丁与口。口，就是所谓大小男妇，全部人口。丁呢？是不是代表担负赋役的十五岁以上、六十岁以下的男子？不，不是的！我曾经考证了这一问题，得出结论说：丁，不过是一个财税的单位。包含有人的因素，也考虑到了财产（土地）的因素。不过，这一点何炳棣先生早就发现了。王业键先生曾经写道：

“何炳棣教授在他的巨著《中国人口研究，1368—1953》中指出，明清时期的‘丁’是一个赋税的单位，和当时的人口没有什么关联。”因此，以往学者以丁数估计人口是没有史实根据的。他的发现使我深深感到，利用历史上数字资料（尤其是官方资料）研究问题时，首先必须明了产生那些数字的制度及其运作情况。日后我研究清代田赋和粮价时，田赋制度的变迁和粮价陈报制度的形成，便成为我注意的重点。

当然，何炳棣先生侧重的是明史，我则主要是从清史出发，也不能说全是重复功。

何炳棣大约没有想到他当年的赠书，在北京图书馆善本部一躺就是几十年。1985 年他来北京，我接待了他，并应其请求，安排他在中国人民大学做了一个演讲。我怎么跟他有了联系呢？大约还是跟他的《中国人口研究》有关。我曾请人翻译了其中关于“丁的内涵”的一章。大约同一时期，我还联系了黄仁宇和王业键先生，那是因为他们的关于明、清时代土地税的研究跟改革当代的农业税（统购统销）有关。那是 1982 年以后的事了（记得我毕业前后，王业键先生曾来过北京，我们也见过面）。

清朝在乾隆六年以后才有人口统计，以前近一百年，则是丁的时代。那时候中国到底有多少人口呢？有些学者是靠推算，有的“聪明人”则提出了“以丁折口”的方法。比如一丁折五口。他们不了解丁和口这两条斜线并没有线性的关系，也就是说它们不是平行的，

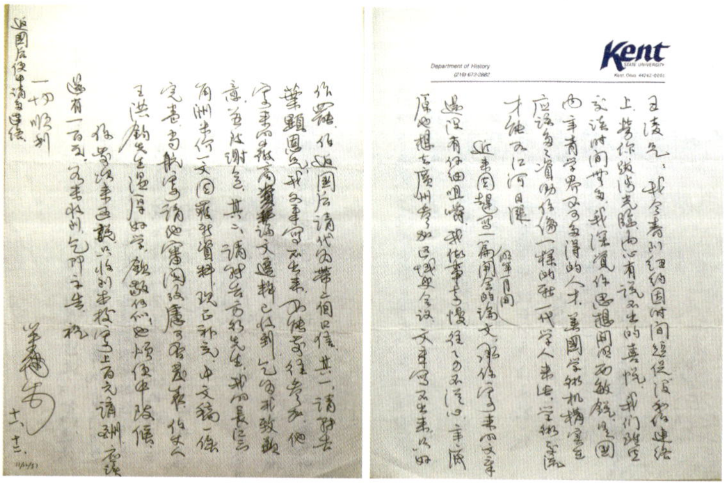

王业键与高王凌的通信

没有所谓科学的一定之规。一丁五口，代表的只不过是一时一地的一种现象罢了，不能放在长时间和广泛的地域内看。

对此，我则提出了“前推”，或者说“回溯”的方法。即从有比较可靠数字的（乾隆）时期，往前推算，而不是一般的习惯性的从前往后算。在南京人口会议期间，我高兴地看到山西医学院统计系老教授倪江林先生也使用了这一方法。

推算清代初期人口，需要一个速率和一个支点。这都与对乾隆年间人口数据的把握有关，而且不免会出现许多争议。据我推算，清初战乱结束之后（战争之中的速率很难判断），中国人口大约有八千万。康熙年间（十八世纪之初）大概已有一亿人以上。乾隆以后，根据官方统计，达到一亿三千万人（实际不止），十八世纪末，三亿人，十九世纪中，达到四亿三千万人（实际如何，学界还有不少争论，如施坚雅就一反众意，认为中国人口并没有那么多），为历代

高王凌与施坚雅的合影

所无（宋代人口据研究已超过一亿人，明代估计约为一亿五千万人；其官方统计的最高数额不过六千余万人，其间也没有这么大幅度和快速的人口增长）。重要的是，它竟与后几百年连成一段，一直增加到今天的十几亿之众。

各位也许不会同意我的看法，即中国从彼时即已开始试行“现代化”，但不难发现，“当日”问题与“今日”已十分接近。

地区理论问题

在历史上，中国众多的人口到底起了什么作用？过去，中国讲求“阶级斗争”，后来，“人口众多”成了罪魁祸首。这也成了一种“政治正确”，但我不能同意这种观点。

通过一系列地区研究，我把中国传统经济分为四种类型，也可以称为四个阶段。其中，第一个为“不发展经济”，有如清代十八世纪以前的广西；其最显著的特征，就是人口“长期停滞”，土地大量抛荒，耕作极为粗放。此后开始起步，进入“发展中经济”。全凭人口增加即需求带来的刺激，突显出人口增加对于经济发展的推动作用。这一点，也正是在这一时期看得最为明显，也最少会引起争论。

所谓“发展中经济”，其最显著的特征，即人口迅速增加，使它成为各发展时期中速度最快的一个。人力的投入，甚至可能带来收益的递增。其特点是，土地基本垦辟，进入精耕农业，如清初以来的中南、西南以及稍后的东北和台湾，类似的有秦汉以来广大的中原地区。过去人们以为这就是中国传统经济的最高成果，因此有了“长期停滞”的说法，其实是一个误解。

到了更高的发展阶段，人口密度已然很高，但经济仍有显著的增长。如在清代中叶，广东成为中国农业发展程度最高的地区，发明了以“桑（果）基鱼塘”为代表的高度发达的“生态农业”；江苏更成为一个（传统）“工业区”，拥有全国最高密度的人口。但在这些地区人口是否已经太多了呢？据史料记载，常熟在雍正以前棉作较少，“盖黄霉削草，必资人多，曩时人较少也”，以后“生齿日繁，故种棉渐多”，仍有赖于人口的进一步增加。

与一般认识相反，人口增长对清代经济发展的最重要贡献，其实莫过于高水平的发展阶段。因为没有人口的如是快速大量的增加，则没有需求的如此扩大；而没有后者，就不会出现“集中种植”的“规模经济”，也就没有省区间的比较优势及其交换。推而言之，中国传统文明的高度繁荣和种种成就，都与中国人口的众多和密集状态密切相关；而这种成就，又不是每一个人口高密度文明都一定能够“自然而然”取得的。

所以我写了一句话：可以说中国传统农业是一种能够（尽量）大量养活人口的经济；所以它越为发展，在人口方面也越有出色的表现。

这就是我对中国人口问题的正面看法，是“人口众多”对中国经济发展历史的正面贡献。是为我的“人口理论”。我也据此得出了一个“地区理论”，即四种类型或四个阶段的中国传统经济下人口增长对经济发展的最重要贡献。

我以为，长期以来，在历史学上就有一个“抹黑派”，一直在抹黑中国的历史，从政治史上的“封建专制”，经济史上的“残酷剥削”，到社会史上的“人口众多”。而在旧的“人口观”及“计划生育”的影响之下，弥漫了一股股轻视“人”（他人）、蔑视“生命”的“思绪”。

所以，我提出“人口众多，何罪之有”。

除“人口作用”之外，有关问题还包括历史上的“人口行为”（如节育避孕等）、“人口（自然）增长率”，以及“中国式人口思想”等。

今天已经很少有人再提起这些问题。但我觉得，追述这一段学术历史还是有意义的。而且可以说，我们已经达到了当日学术的高峰。与此平行的，还有耕地数字以及土地开垦问题（详见后文），这些大抵都是 1982 年即我毕业后一年之内涉及的，也都包括在我的政府政策的研究范围之内。

耕地数字与土地开垦(垦政)问题

谈过“人口理论”和“地区理论”之后，现在我们回到我在1982年的中心议题，“政府政策”(“人口对策”)上来。

国外中国学家心目中的楷模，是法国年鉴学派那样事无巨细的宏观巨著，当然就离不开各种数据史料，可惜，中国史料“不行”(施坚雅语，所以他转向了日本史研究)。费正清(Fairbanks)也曾在《中国人口研究，1368—1953》一书序言中说，“中国史料不能作为可靠的依据，何炳棣博士将成为声明这一点的最后一人”。可惜，不信这套的还大有人在，如珀金斯的《中国农业的发展(1368—1968年)》(这两本书构成了国外中国经济史的研究基石)，分析的基本依据就是中国的耕地统计数字。我则通过自己的研究，坚持认为，这些统计并无使用的价值，特别是耕地数值无法订正，也不具备可比价值。

连国家最基本的数据都弄不清楚？为此我曾很瞧不起那些“旧统治者”。但现在回头来看，百年以来，中国就没有进行过土地丈量。至今“航测”所得的二十亿亩耕地，既无法与原有面积对号(原有统计数字是十六亿亩)，也不为各地所接受。人口数字，在最近十年也成了一笔糊涂账(所谓十三亿人口八亿农民，已经说了多少年)。所以我不能不改变态度，并设法理解：历史上为什么这样去做(不把基本数据弄清)，如此“留有余地”，是何道理？

这里面恐怕都包含有许多“学问”，也属于历史学家不能回避的问题。

此间有一节不能不说，就是中国人口思想的主流，是以一种积极的态度，力求用经济发展来满足日益增加的人口需要（而非限制人口增长）。它自然要带来一个巨大的需求和农业产出，并带动一系列政府政策的出台。

中国是一个传统的农业国。对农业生产来说，第一步即开垦土地，舍此并无其他（当日朝堂上称为“垦政”）。至于灌溉、施肥，以至复种、多种经营，一步步提高耕地利用水平……都是以后的事。中国历代都把土地开垦，作为“恢复时期”的主要政策，一向也都卓有成效（如明代和清代初年）。

从官方统计数字来看，清代以前明代中国的耕地面积，已有七亿多亩，到民国初年，达到十四亿亩。其间约七亿亩是为清代开辟，占据一半（数据中的问题存而不论）。换句话说，清朝三百年土地开垦，与以前三千年所垦约略相当，成就斐然可观。

从其他各方面史料也可印证，清代出现了“全域性开垦”，势头及于历史上从未开辟的深山老林、生荒地土，其中最著名的新开发地区有西南、中南及东北等地，相对于明代中国经济重心偏于东部运河一线，已形成极大反差。

经过清初“恢复时期”的持续开垦，到雍正年间（1723—1735年），中国造报耕地数字达到九亿亩。估计民国初年造报的十四亿亩耕地中，可能有十二亿亩，是为乾隆年间（1736—1796年）已经开垦。

可是在康熙年间（1661—1722年），中国还有大片的荒芜土地有待开垦，康熙皇帝却持一种相反的观点，表示“内地实无闲

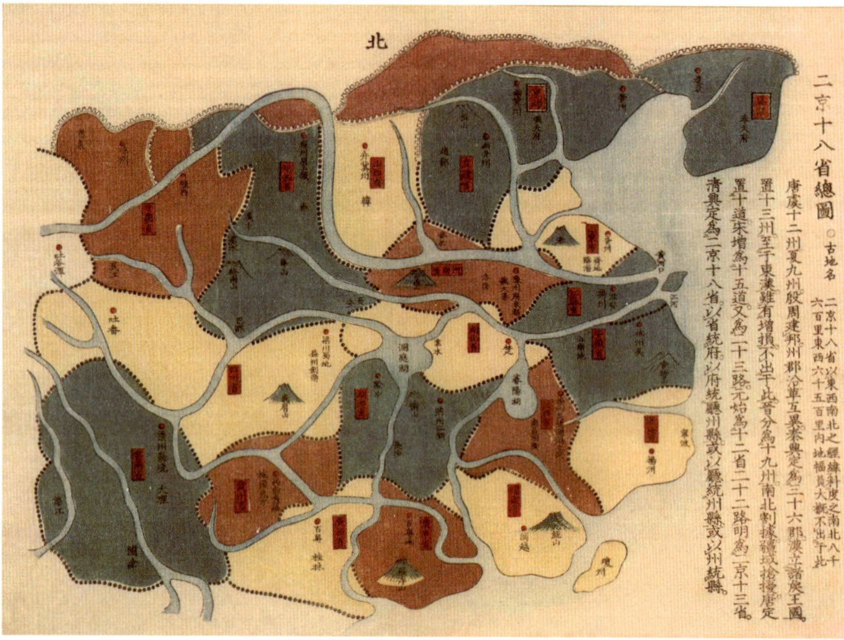

◉ 二京十八省总图

处”“此外更有何应垦之田”？其后雍正皇帝重新强调土地开垦，史称“雍正间督各省开垦，颇用以厉民”（特别是在中州河南等地），引致朝野不满。

因此乾隆皇帝甫一即位，便一面声称：内地开垦一说，断无其事。各省督抚亦断不得以此为言；一面减税免税，甚至对耕地面积的统计都不复关心。“长时段”历史不好解释短时段“事件史”，这是一个典型例证。三十年内，政策在三个皇帝手里来回变动，由什么“客观原因”可以解读？

清朝皇帝是不是“错了”？出现这种问题的原因之一，是对传统的“宽政”缺乏了解，不免带入了现代的“先入之见”。

所以到乾隆初年，中国的耕地数字就固定下来。中国传统经济政策出现了历代没有过的大转折。今人可能觉得这没什么了不起，事实上却非同小可。

尽管这些都属于经世派的学问，可惜的是，清人对自己的这些东西，从没有好好总结过。一直等到很久很久以后……中间还走了一段大弯路。

为什么要这样说？事情还要追溯到半个世纪以前。据史料记载，1950 年访问苏联期间，毛泽东曾说，“中国人吃饭难是个普遍的大问题。解决的办法只有一个，发展农业，扩大粮食耕作面积”。同期陈云也认为，“农业增产有三个办法：开荒，修水利，合作化。这些办法都要采用”。在毛泽东编辑的《中国农村社会主义高潮》一书中，也认为土地开垦还大有潜力可挖。这种情况，直到很久以后才有所改变：1970 年毛泽东与斯诺谈话，才承认中国没有什么土地可以开垦了。

又过很久以后，我才想到：这种思想在本质上是不是改变了呢？怕是未必。“农业学大寨”，开山造地，各地退经还粮，恐怕仍然是“扩大粮食耕作面积”，仍然是一种“开荒”。

如果早读一点清史，读一点康熙、乾隆的谕旨（那些所谓“错话”），是不是会好一点呢？这我就不知道了……

而在清代，耕地虽有大幅度的增加，但在“垦政”上却没有一味强调垦荒，自康熙、乾隆以来，即认为未垦土地已经不多，要想发展经济，势须从其他方面寻找出路。这是历代没有过的政策想法，具有跨时代的思想价值。

清代不再寄希望于开垦土地，这一点就已经超迈古人。新的农政措施，更是前无古人。

所以，我们跟着要把眼光从“垦政”转入“农政”上来。

农 政

下一步面临的问题就是，如果说耕地已经开发殆尽，将如何谋求农业的进一步发展，这是中国历代没遇到过的重大挑战。如果清代耕地的增加远不足以解释农业总量的提高，又应从哪些方面去寻求这些方法和原因？

如果说“三百年为一个历史”，我们也可以说，在近几十年的现实生活里，这一直是一个“老大难”问题。二十世纪五十年代的口号是“以粮为纲”，但与它的后半句“全面发展”，就不免成为“悖论”。所以胡耀邦称之为“以粮为纲，全面砍光”。这里面原因很多，我们只能集中探讨它的“技术方面”，而且仍是从清史出发。

清代新的探索始于康熙，期望农民不再“狃于种地”，开展畜牧等多种经营；继之以雍正，于土地增垦、“竭力耕耘”外，提倡“山泽园圃之利、鸡豚狗彘之畜”，展宽农业经营方向，而完成于乾隆，不独以农事为先务，而兼修园圃、虞衡、薮牧之政。

这一经济发展政策的主旨，就是不再亟亟于土地的开垦，而在已有的耕地上做文章，提高土地利用水平，特别重视五谷以外的作物种植，以及农耕以外的各种经营。其含义已不止于“精耕细作”（据许倬云研究，中国汉代农业已进入这一层次），而在于经济作物等“商品经济”的发展，农村工业和商业的广泛增长。遂为中国经济指明了一条极具可行性的发展道路。

后人估计，中国农民经营“副业”的收入，一般占农副业总收入的三分之一，农民中约有五分之一以上专门依靠副业过活（1956年5月《人民日报》社论）。如果加上“工业”部分，相信清代数字还要高出许多。

总而言之，清代的经济增长，可以说全与“贸易”及“交换”有关（尽管只涉及商业交易的一小部分，清朝关税在乾隆年间增长了四倍）。它成为土地开垦之外，对清代经济增长贡献最大的一个因素，也是清代经济发展的最大成就。这虽非政府一手造成，政府政策的作用却不可小觑。

这一切都给中国经济带来了“利好”消息：有材料表明，佃户改种高产值经济作物，依旧交纳稻谷田租；同量田地上耕作者增加，导致亩产量得以提高，田租反而下降，有利于满足日益增长的人口需要（张五常《地租理论》）……

清代中前期历朝诸项财政收入比较简表　　税银单位：万两

年代	地丁银		盐课		关税		杂项收入（岁入）	总额
	岁入	比例（%）	岁入	比例（%）	岁入	比例（%）		
顺治九年	2126	87	212	9	100	4		2428
康熙二十四年	2727	88	276	9	120	4		3123
雍正三年	3007	86	443	13	135	4		3585
乾隆十八年	2938	72	701	17	430	11		4069
乾隆三十一年	2991	61	574	12	540	11	749	4858
嘉庆十七年	2958	74	579	14	481	12		4013
道光二十一年	2943	71	749	18	435	11		4125

反观当代，一般认为，土地改革以后有一个“黄金时代”，其实大可商榷。根据统计数字，到1952年，中国粮食总产量恢复到战前水平，人均产量却有所下降；经济作物的下降更是明显，如油料、烟草、茶叶、丝茧的产量降低了一半左右；而且以后很久，这部分生产都未能恢复起来。

到1956年，集体化以后的第一年，问题就暴露出来。1956年中，《人民日报》连续发表社论。5月6日：一五计划前三年烤烟生产的计划都没有完成，原因在于指导错误以及价格政策等；9日：“越来越尖锐地感觉到油料供应不足”；10日：“农村副业、手工业生产大大下降，是造成当前农村市场不活跃的重要因素”；24日：“去冬到今春不少地区农村副业大大衰落”；6月6日：“由于领导机关重视不够和长期以来收购价格偏低，江浙两省桑园面积和产茧量，只相当于战前的54%和35%；据农业部统计，今年花生、黄麻、甘蔗播种面积都在减少，许多地区副业生产下降了三分之一到二分之一，特别是养猪减少”；7月：“中央农工部副部长王观澜报告，浙江副业严重下降，江苏长江两岸副业产值一般亦下降了30%~80%以上”。

毛泽东为此专门起草了一份通知：河北省粮食以外的农产物占产值百分之七十一。其他各省情形与此有些不同，但粮食以外作物及副业的产值至少占百分之五十，或者在百分之五十以上。各地农业生产合作社要注意多种经营，否则就是一个很大的偏差，甚至要犯严重错误。

同时生猪的出栏头数从1955年开始下降，1956年下降为六千一百五十七万头，比1954年减少百分之二十。1956年出现了全国大牲畜数量的首次下降，从此出现了一个持续下降的过程（1957 年、1958 年分别减少三百九十万头和六百一十万头）。

而且，极力强调粮食生产的结果，粮食问题并没有解决。在集体化的前十年（1956—1966 年）粮食生产是零增长，后十年（1967—1977 年），仅仅是总量增长，人均并无增加。在自然灾害时还能依靠四川、黑龙江，改革前夕则几乎没有一个省份还可调出粮食（不要说防灾，以后的“工业化”“城市化”皆失去依托）。

当年“以粮为纲”的做法，不但没有解决中国的粮食问题，反而害苦了那些先进地区。类似的问题，在历史上就存在过，如雍正皇帝曾一度批评广东和福建“舍本逐末”。继 1982 年去福建之后，1983 年、1984 年我曾两次赴广东考察，目的就是看看在“放开”之后，地方经济将向何方“自由”发展（我在那里也遇到老人恳切陈情，希望放宽粮食政策）。

简言之，在中国这一农业古国，自发展的早期阶段，粮食生产都是丰富而有余裕的。曾几何时，一些地方改而经营其他经济作物，因此不得不进口粮食（如广东、江苏、福建等），这是一种进步，而不是倒退；如果“倒行逆施”，强令其“自给自足”，将会放弃原有的领先地位，即使粮食生产得到一时提高，却最终无法解决该地区的发展问题。

“以粮为纲”的问题，到二十世纪八十年代初才得以解决。《杜润生自述：中国农村体制变革重大决策纪实》中说：1981 年中央批转了国家农委《关于积极发展农村多种经营的报告》（13 号文件），它关系到健全农业生产结构，和农业生产的战略方向等问题。在某种意义上说，这一生产结构问题和责任制问题至少是同等重要的。两项政策，一条是包产到户，一条是多种经营，从此把农业推进新的体制和新的生产结构。

在这个问题上人们存在着很大的误解。好像在中国历史上，历代王朝都主张重农轻商，就只种粮食，不搞多种经营。实际上“多种经营”是禁不住的，在有些朝代还很发达——《杜润生自述：中国农村体制变革重大决策纪实》在这里即引述了我的研究。

据说，三十年前经济史界巨头吴承明就提出，要特别重视经济史研究。其理由即，面临经济改革的中国，其经济学原理应从经济史出。可惜没有受到重视。

说到这里应该声明，我决无意指陈中国当代改革是受清代影响。农村改革是从实际出发，并非受书本和前人影响。但也不可否认，这里面存在着一种“关联”，而且可以“互相说明”。

所以我在二十世纪八十年代曾提出这样的学术口号：“正面观察，贯通古今”。不但来回观察，必要时还须反复贯通。回想起来，“正面观察”这几个字，可能还受到国家修清史的影响，你要修正史了，不能没有一个正面的评价，总不能还说“封建统治阶级”在那儿“喝人血、吃人肉”吧。

在这里面，很多都属于“工业”的范畴。

工业政策

有关经济发展的第三个方面，是农村工业问题。

清代有没有所谓“工业政策”？如果有，又是些什么？问题还有：中国“古代”有“工业”吗？

有人以为，“农村工业”是“大跃进”以后才有的，杜润生提出，这并不对。也有朋友问我：苏南的乡村工业为什么这样发达？对我来说，这问题却是“不言自明”的。在地区研究中，除四川、广东外，我曾专门研究过江南。过去由于“资本主义萌芽研究”的遮蔽，这些地区发展的本格意义都被忽视和歪曲了。

我经过研究发现，在清代长江三角洲，曾存在一个“农村工业区”。当然，这里说的不是现代工业，而是传统工业（与今人的误解不同，传统工业也是工业，而且二者的转化在江南也没遇到什么实质性的障碍）。在那里，农家出产主要是工业品——手工纺织产品（棉布和丝织品等），基本是以货币结算。不但如此，如果进一步细作区分，可以发现，其最终产品组成中“工业所得”占据大半，“农业所得”（如棉花种植）不过三分之一。因此，江南也成为当时人口密度最高、经济最为富庶的地区。

与一般所知相反，清朝政府对农家工业是采取支持态度的，如雍正皇帝在《圣谕广训》中曾说：

“朕闻养民之本，在于衣、食。农桑者，衣食所由出也。一夫不耕，或受之饥；一女不织，或受之寒……树桑养蚕，除江浙、四川、湖北外，余省多不相宜；然植麻种棉，或绩或纺，衣之所出不同，其事与树桑一也。愿吾民尽力农桑……”

许多省份的地方政府，如河南、四川、陕西等地在“劝农”时，都把江苏当作了经济发展的楷模。相应地，乾隆时期政府还开放了矿禁。

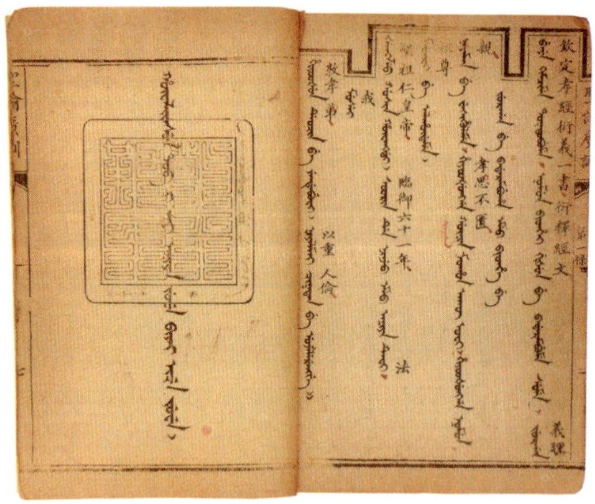

◉《圣谕广训》书影

“农村工业区”？其他经济史学家不一定同意我的说法。当然，在经济史研究中不可避免会缺乏一些“现代统计”（如一位大腕所说）。但这不能成为借口。曾国藩说：做学问要有“胆识”。有些问题需要“考据”，有些则须用别的方法，如章学诚说的“性灵”和“神解精识”，所谓“古人书不尽言，言不尽意，竹帛之外，别有心传”，一味考据，恐怕就会落入学问的“下乘”，甚至可能迷失研究的方向。

《杜润生自述：中国农村体制变革重大决策纪实》里说：初到国家农委上任，正是1979年初，发现江苏一枝独秀，发展了一批社队企业。乡镇企业在苏南早一步得到发展，也和近代早期的传统基础有关。

他又引述我的研究，说：据中国有的学者研究，在清代这里就形成了一个“传统工业区”，家庭手工业非常发达，已成为当地“农民”的“主要收入”。而且，到二十世纪很快就转成现代工业，并形成当地的经济中心，但1949年以后逐渐趋于凋落。纵观历史，农业向工业生产发展的冲动，在中国是早就存在的，也是难以遏止的。

高王凌与杜润生的合影

在追述改革前夕农村形势时，杜润生提出，当时农村已形成了三类地区，各占三分之一左右的比重：一种是集体经济搞得比较好的，一种是处于中间状态的，一种是较差的“三靠队”。所谓“三靠”，即是“吃粮靠返销，生产靠贷款，生活靠救济”。这一类生产队大多在落后地区，显得问题最大。

但是人们往往忽视了，第一类地区即所谓先进地区，问题也很大，只是性质不大一样罢了。这些地方迫切需要放宽政策和解放劳动力，把经济导入一个更高的发展阶梯。然而，受到宏观经济的制约，这种需要很难满足。集体经济体制既解决不了三靠队的“脱贫”问题，也满足不了先进社队的“工业化”要求。它几乎已经到了“山穷水尽”的地步。

为此，1979 年，恢复工作不久的杜润生起草了一个文件，作为中央文件下发。到 1982 年、1983 年的一号文件，突破了只有社队才能办企业的限制。1984 年一号文件提出，农村中越来越多的人转入工业和其他非农产业，“是一个必然的历史性进步”，接着转发了《关于开创社队企业新局面的报告》，作为 1984 年第四号文件下发。为以后乡镇企业迅猛发展，打了个基础。农村工业遂成为此后中国国民经济的“半壁江山”，居功至伟。

开垦土地之外，发展“多种经营”和“农村工业”，是清代为我们展现的两条极具可行性的经济发展道路。至今，中国农村经济仍然走在这条路上（包含商业）。不管我们怎样认识它。中间的一度改变，也不能使其“中断”。

当代农村改革究竟从何而来？不难发现，其中起到主要作用的制度因素，不是别的，正是一定的土地及财产私有权、小农的家庭经营、农民选择生产项目和经济行业的某种自由，商品性经营以及市场机制等。而所有这些，都是中国历史中曾经有过的东西。由此看来，当代中国农村改革的内涵，也可称为“传统制度”的复兴；即令“包产到户”，也可以说是古代“井田”“均田制”的再生。历史，在这里重新“接续”起来。

经济发展和政府政策

在有关研究中，我还顺带解释了两个问题，第一个是为什么选择十八世纪？当然，这不是什么刻意的勉强划分，而是恰恰在十七世纪之末，中国结束了一场严重的经济萧条（《十八世纪中国的经济发展和政府政策》第一章第一节），从此开始另一个新的发展阶段。

第二个是所谓“经济发展”，不是像一般人理解的“恢复时期”，而是指那以后的“（和平）发展时期”。讨论这一时期的政府政策，在以前大约还没有过（为此我获得美国 Luce 基金的资助，得以访问美国，1986—1987 年）。因此我专门创造了这一个概念。

这无疑是我最重要的研究之一，是对昔日历史的一个现代诠释，也是对当代改革的一个历史说明。这种“古今两相观照”、带有时代气息的研究，我以为应该还有很多，事实却并非如此。尽管据朋友说，它带动了一批所谓“政策研究”（夏明方语）。

◉《十八世纪中国的经济发展和政府政策》书影

这就无意间扩大了经济史的研究领域；它把一项“经济史”研究，带入了“思想史”“政治史”的领域，打通了几个领域。也许正如钱穆所说：“经济史必从全部文化着眼始能有大成就”？

在我看来，清代的经济政策，具有跨时代的重大价值，特别是我们有了二十世纪下半叶的经验以后。好像这并不是传统史学关心的问题，清人自己也未做过相应的总结，而是在三百年后，由吾人发掘出来。我却从中首次体会到了中国传统的正面价值（其一在经济政策，其二则与粮政有关），并从此在这条道路上迈出了重要的第一步。尽管有人批评我，“把历史说得太好了”，我却觉得还做得不够。

不过，在那些文字中，我却只说“历史”，几乎没有一句提及“当代”。相信不少人皆在农村经过一番“摸爬滚打”，深悉“个中滋味”（以后很久我才试着把其中的关联挑明）。

藉由着这种“古今两相观照”，我尝试着将历史学与当代社会问题连接起来。其实，它可能也是“身不由己”，因由自身经历，衍生出一段历史。貌似严整，却是信步走来，并无“人谋”。

也许还值得一提的是，小书继何炳棣（Ping-Ti Ho）、珀金斯（Dwight Perkins）和王业键（Yeh-chien Wang）的开拓性研究之后，提出了对清代经济的宏观分析：清代经济的成就决不仅在土地的（全域性）开垦和农作技术的提高，而在于有限耕地的高水平利用，以及随之而来的经济交流，特别是跨省区“优势交换”的开展。

十余年后，我总结道：在这一代学者之间，清代经济史已得到了重大的“改造”。“工业”和“商业”都受到前所未有的重视，粮食已不是经济的带动因素；起到带动作用的，毋宁说是棉花和棉业，经济发展遂超越“食用品”的生产阶段，而走向“多种经营”和“商品经济”。这又不是什么“被逼无奈”“小打小闹”的“副业补充”，与我们在江南、广东等地所见及跨省区优势交换的情况，无法整合。所以我在小书再版时，加写了一句：清代经济的增长全与“贸易”及“交换”有关。

这并不是空口说白话，一个乡村工业，一个多种经营，即是清人为我们走出的具可行性的发展道路，而为后人所遗忘，到包产到户改革之际才又捡拾起来。日后《杜润生自述：中国农村体制变革重大决策纪实》讲这两点，亦引证我的小书，作理论性说明。

“历史”，也从未有这样与“今天”联系起来。

最后，应该指出，中国经济史为何落入今日这种“冷落”的状态？原因之一，就是它所取得的成就太大了！所以，我们不必自卑，“造次必于是，颠沛必于是”，也就是了。

不易的是，小书出版时虽遇到不少争议，仍发表了对中国“封建社会”“中国封建社会长期延续”“奴隶社会”“资本主义萌芽”等论点的严肃批评。

“传统和现代化的关系”，可能是小书的第二主题（故有“活着的传统”之说）。如同美国的中国史研究正处于“十八世纪热”，而“传统和现代的关系”更是当时的“时髦”话题。为此余英时（Ying-shih Yu）曾说：近代中国“思想冲突的焦点正在传统与现代之间”，看来也不是小问题。

不过，美国的“十八世纪热”，正如1987年我对马若德（MacFarquhar，时任哈佛大学费正清研究中心主任）所预言的，在五年后已让位于美国的“民国史”研究；现在，重心则已转入了“当代”，即“中华人民共和国史”研究。我则始终徘徊于“清代”（十八世纪）与“当代”之间，而不及“民国”（这可能是很罕见的，1987年在洛杉矶，黄宗智即曾提出他的质疑）。或许多少出于这样的原因，我才提议“着重研究那些在今天仍然是活生生的有意义的历史问题”及“在当代经验与历史研究对象之间来回对比参照”，这样一些研究的“方法”。2007—2009年我还开设了“方法课”，专门讨论有关问题。

粮　政

关注到这个问题，第一，是我读《清实录》的一个“自然而然”的结果（因为那问题是太“抢眼 ”了）。后来我的论文在海外发表，黄仁宇做匿名编审，还为此夸奖了我。这时候《清实录》不难找到了。我的岳父——王宏钧，明清史和博物馆学专家，从大学时就很多地帮助和指导了我——还特意买了一套《清实录》，放在家里，阅读就很方便了。

我不久就了解到，如果是在美国，仅有《清实录》史料，是不能开题做论文的。我却仅仅依靠实录，就做出了这样一篇文章。说明这不仅仅是依靠考据学，还有那以外的功夫。为什么人人都能看到《清实录》，却看不出这个问题来呢。

在我的研究以前，只有很少数学者知道乾隆十三年有一次关于粮政的大讨论（全汉昇），而且把它看为时段为一年的一个事件。从我开始，认识到它在时间上涵盖乾隆初年到乾隆十三年，并给它特别的重视。

重视的原因，当然还是因为粮食跟“当身历史”有关。当时，中国的粮食改革已进入攻坚阶段，也遇到了不少问题，尽管我所知有限（有一段时间大家好像都各顾各了）。我写了这段文字之后，让人转交杜润生。为了方便老人家的阅读，我提出其中一大段“包子皮”可以略去。朋友却说，一条都不要删，现在都有对应的表现。那时这还是一部手稿，多年以后杜润生说他还记得这篇文字（他还不止一次表示喜欢我写的字儿）。我打算删去的部分有：

一、充实常平仓储（设于省会、府、州、县）

二、复开本色捐监（以实物谷米捐纳功名）

三、加强社仓义仓（设于乡村、市镇）及民家自储

四、敞开收购余粮

五、议行田时征实

六、改善籴买措施（禁止派买、不许短发价值、照依时价据实报销）

七、设兵米（军队营仓与常平仓同例办理）

八、破格赈粜救济（以致赈粜几倍于旧）

九、禁遏、禁囤、开米禁、免粮税（禁止遏籴和囤积米粮）

十、禁酒、禁烟八旗营驻地

十一、鼓励生产

十二、完善粮价呈报制度

所谓“粮政事件”始于何时呢？我过去认为是乾隆二年。不过这带有猜测的性质，似乎还缺乏一些史料的证实。它结束于乾隆十三年。而这一时段档案史料的缺乏，似乎已不止为我一个人发现。比如说，雍正朝档案非常多，有著名的朱批谕旨，卷帙浩繁。后来，乾隆十三年以后，档案才多了起来，看看《乾隆廷寄》就很清楚，是不是朝廷有意在掩盖什么东西呢。所以在美国的时候，我就和档案界的巨头王业键和白彬菊相约，假如将来有机会，我们就一起到档案馆里去搜寻这批档案，哪怕是满文的呢（可惜未能实现）。

但档案是不是真的缺失了？还是大批材料都被皇帝刻意隐藏起来，以掩盖他的失败？现在看来，又不无疑问。例如，随着“国家大清史”项目的上马，许多人包括我的弟子看到了不少珍贵的档案材料。比如现在可以证明，这一事件就是始于乾隆二年。还有我曾以为，乾隆皇帝多半是一个“热血青年”。这一点现在就可以修改了，这里我们要讲一个有意思的故事：

乾隆二年十二月，九门提督鄂善在奏报中，转引了一份来自县级官员李秀会的陈情书。折中详尽论述了粮食籴、粜的弊端。这是

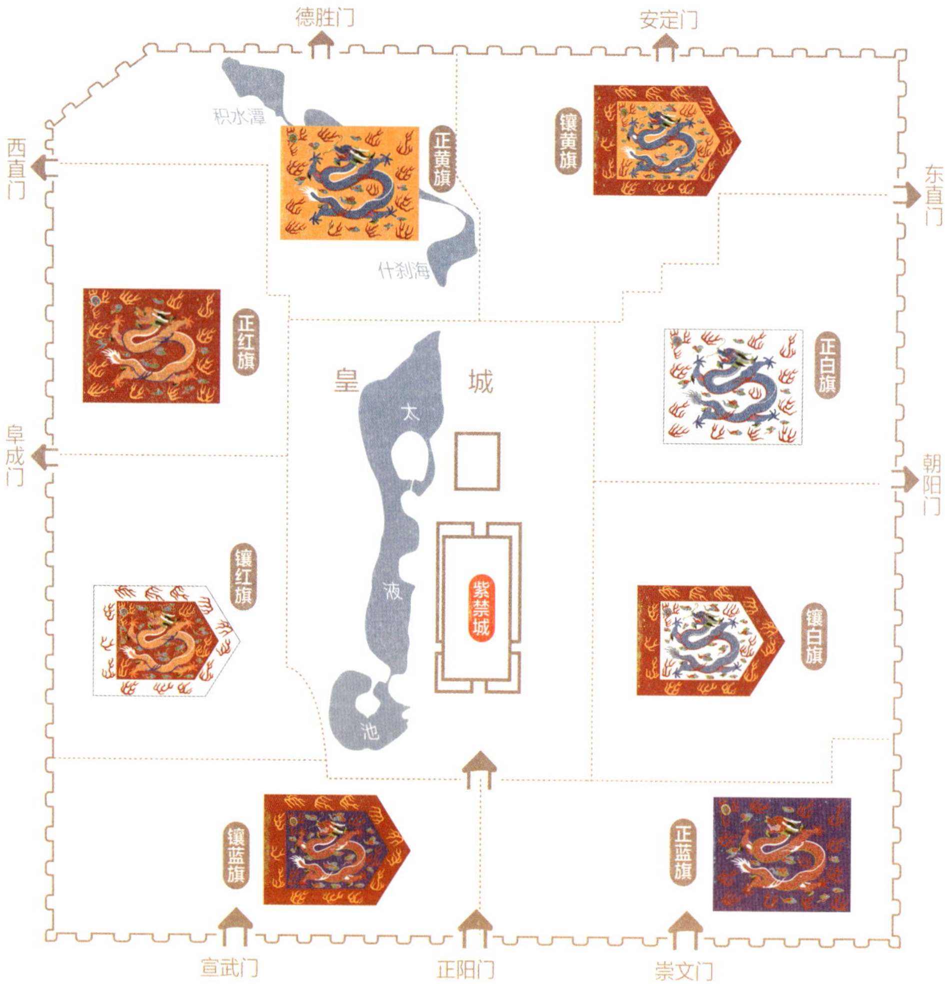

京师内城九门及八旗居址示意图

一份详细的基层现实的报告，把底子都交代清楚了。

李秀会指出常平仓平粜的弊端是“大不均”，因减价有限，都是附城居民就近赴买，乡民考虑到往返盘费，前去购买的非常少。所以这平粜“似为官署设而不为贫民设，且专为城中设，而不为乡间设也”。

而入粜的弊端，更是“大不堪”。虽说买补多少，时价多少，脚价多少，都清楚了然，但实际却并不是那么回事。老百姓都要赔不少钱。

这引起了皇帝的高度关注，几天之后，十二月二十一日内阁就抄出密谕，令督抚商议解决的办法。现存有十五份奏折发表了意见，户部的意见也保存了五份。

这样一次集体大讨论中，各督抚都直陈了自己的意见，但各类办法并无多少新意，如多设厂一条，在乾隆元年已有不少官员提出；粜卖粮食与保甲制度挂钩，也并非新法，已有更多的省份采取了这一办法。其余选取可信任之人、加强监察等，可说得上是长久不变的套话。虽然乾隆帝寄希望于督抚集思广益，以解决籴粜弊端，一旦督抚有任何新的意见，他总会批示“该部（户部）密议”，实际上这一问题并没有可行的解决办法，粮食增贮决策的阴影仍旧没有散去。

那皇帝的新的努力还有什么意义？不，我想不应这样看待。从中我们可以看出，他是“知其不可而为之”（法国院士魏丕信也评价清代仓储是在努力完成不可完成的任务），应给予一个高度的评价。

其后事情就紧锣密鼓地铺开了。包括上述十二项措施（以及建立人口统计制度，“则小民平日所以生养及水旱凶饥，可以通计熟筹而预为之备”；此时距清人入关已近百年，才结束了只有人丁编审而无人口调查的历史），依次出台。几年时间仓储就有了成倍地增加。这可以说是一个很大的成就。我们今天把它称之为“加强政府”。

有学者在一篇文章中说：二十世纪西方已结束了“自由主义经济”阶段，与十九世纪的中国背道而驰。那么是不是可以说，十八世纪的中国正与西方走在同一条路上呢。

在取得一定成就的同时，政府的负担也大大增加了。因为仓储归根结底是要由政府出资购买。除了买粮以外，我后来发现，保存粮食的代价也很高（通常每年损耗接近百分之十）。其他政治和社会方面也出现了一些问题。政府开始有了一些反省（至迟始于乾隆八年）。

◉《南巡纪道图》中的运河漕运景象

到乾隆十二年底，乾隆帝发动了这一场大讨论。乾隆十三年，经过各省都督抚上奏（经澳大利亚学者邓海伦 Dunstan 与我弟子魏淑民先后查阅，共查到档案二十六份），确定粮价上涨的原因乃是由于采买太多（“今则处处积储，年年采买，民间所出，半入仓庾，未免致妨民食，此说似乎切近”），而不在于人口增多、通货膨胀、时有天灾……

既使不从数量上考虑，这些年复一年的经常性采买，也必然导致物价哄抬。正如督抚奏议所说，“各省经办常平，未免心怀欲速，不计年岁价值，严限催督”，甚至“好喜事功”“争胜求奇”（两广总督策楞奏）；“今普天下有城社处，皆积贮米谷”“处处积贮”“年年采买”；另外，“绳以一定之价，限以必盈之额”“每新谷上市，价值本平，一闻采买，立即增长”；盖官方买补“例有定限，价贵不得不如额买足”，故而“远近传播，观望居奇”（云贵总督张允随、江西巡抚开泰奏）；以致“数年以来，于谷贵时俱增价而籴，谷遂因之愈贵”。

“粮政”问题，既是“古代”问题，也是二十世纪八十年代以来的“新”问题。这样“读史”让我学会了很多东西，不仅启发我重新认识传统（虽然这并非研究的初衷），实际上，我对“当代”的很多认识，都是“出自历史”，以致在后来的“统购统销”研究中，这些经验都帮助了我。

乾隆十三年——是一个“多事之秋”，乾隆帝似乎早就预料到的（“朕御极之初，尝意至十三年时，国家必有拂意之事，非计料所及者”）——一些不幸的事情果然出现了。先是，就在发起讨论的那个月底，除夕那天，预定的皇太子不幸去世了；春天，伤心欲绝的正宫娘娘也突然去世；在四川的边远地区金川，发生了一场艰难的战事……这些可能都影响了皇帝的心理，他终于痛下决心，结束了这场“理想主义”的大实验。

政府和政府角色问题

这一次的决议，其意义并不在于仓储的多少，而是一次政府有意识的放权。这“一进一退”近似完整的运动就发生在乾隆前十三年。类似的事件，发生在中华人民共和国的前三十年和后三十年（大约以 1980 年为界）。这是多么有意思的一个对照！看看乾隆帝是怎么说的吧：

乾隆帝追述说：乾隆初年，打算充盈仓储，一举解决粮政和粮食问题；实行了一个时期以后，“旋因市价增长，即令停罢”。开始认识到，“何如即以此留之民间”，除此之外，恐“无他一劳永逸之计也”。“以君养民则不足，使民自养则有余，诚不易之论”。若“举身家衣食之切务，皆委之在官”，官米有限，“焉得人人而济之”“大概市井之事，当听民间自为流通。一经官办，本求有益于民，而奉行未协，转多扞格”。事隔多年之后，还针对地方大量捐监，谕曰：“何如留于闾阎，听其自为流转”“若概欲官为经理，势必有所难行”。

由此可见，乾隆十三年粮政决议的真正含义，是在于这种粮政方针乃至政府角色的深刻转变，而绝不仅仅是缩减仓储及赈粜数量。其中的含义，值得深思。

我初提“政府角色”和“政府作用”，还是在三十年前，坊间尚很少类似的文字。在中国，政府（国家）始终是“第一位”的因素，这是我一直坚持的观点，也在有关十八世纪的小书中多次体现。但问题并非这么简单。

孔飞力曾批评过半个世纪以来国家范畴问题的失宠。是故，政府不容“缺位”。我认为，仅仅政府作用这一条“主线”，即可帮助我们说明很多很多问题。

在十八世纪与当代中国之间反复观照的结果，使我发现，它们之间具有惊人的相似之处。比如，政府作用的“加强”与“收敛”，几乎成为历史的一条“主线”。先是政府的强化达到一个“顶点”（通过革命），然后开始“回落”（通过改革），重新寻求它的“角色”和“位置”（到目前还没有“定位”）。它不但发生在当代，类似的事情，在乾隆朝都发生过！可以说，中国当代改革就是为了解决这一问题——认清政府的应有作用和摆正政府的角色地位——这难道不应该引起我们的重视？

再者，如果说今日中国经济的崛起，所依赖的既不是“经典资本主义”，也不是“典型社会主义”，它就可能仍然走在乾隆以来

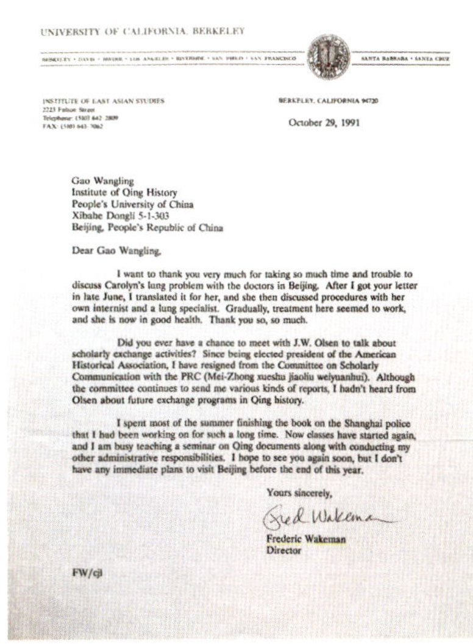

UNIVERSITY OF CALIFORNIA, BERKELEY

BERKELEY • DAVIS • IRVINE • LOS ANGELES • RIVERSIDE • SAN DIEGO • SAN FRANCISCO　　SANTA BARBARA • SANTA CRUZ

INSTITUTE OF EAST ASIAN STUDIES　　BERKELEY, CALIFORNIA 94720
2223 Fulton Street
Telephone: (510) 642-2809
FAX: (510) 643-7062

October 29, 1991

Gao Wangling
Institute of Qing History
People's University of China
Xibahe Dongli 5-1-303
Beijing, People's Republic of China

Dear Gao Wangling,

I want to thank you very much for taking so much time and trouble to discuss Carolyn's lung problem with the doctors in Beijing. After I got your letter in late June, I translated it for her, and she then discussed procedures with her own internist and a lung specialist. Gradually, treatment here seemed to work, and she is now in good health. Thank you so, so much.

Did you ever have a chance to meet with J.W. Olsen to talk about scholarly exchange activities? Since being elected president of the American Historical Association, I have resigned from the Committee on Scholarly Communication with the PRC (Mei-Zhong xueshu jiaoliu weiyuanhui). Although the committee continues to send me various kinds of reports, I hadn't heard from Olsen about future exchange programs in Qing history.

I spent most of the summer finishing the book on the Shanghai police that I had been working on for such a long time. Now classes have started again, and I am busy teaching a seminar on Qing documents along with conducting my other administrative responsibilities. I hope to see you again soon, but I don't have any immediate plans to visit Beijing before the end of this year.

Yours sincerely,

Fred Wakeman

Frederic Wakeman
Director

FW/cjl

◉ 魏斐德与高王凌的通信

的道路之上，三百年一以贯之，其主导精神中之一，我认为，即是政府发挥特殊的主导式的作用。

此前这一研究还缺少粮政和工业两个部分，现在终于补足了。因此我在 1985 年对魏斐德说：我已“画了一个圆”。最后终于形成小书《十八世纪中国的经济发展和政府政策》(后改名《活着的传统：十八世纪中国的经济发展和政府政策》再版)。

柒

不一般的乾隆，不一般的十八世纪

这可能是我最出色的一次“演出”了（本文系作者在文津阁的演讲，有删改）。当然，我仍然是一个“非著名相声演员”。记得一上来我就说，我治史的立脚点可能跟大家不一样——我不是“新文化运动”一脉，而要后置得多；切入点也不一样——十八世纪中叶以前。这不稀奇，但也大有讲究。我越来越发现十八世纪与二十世纪之间，有着极大的关联，在好多好多事情上……

我在公开场合评论乾隆研究已有好几次了，这回的感受又不一样。我希望大家跳出旧的窠臼，把近三百年历史打通了看。从十八世纪，一直看到二十一世纪，不再把它一段段割裂，也不是只看其中一个段落。

1

大概在七八十年前，有一位年轻人写了一本书，说中国人没有自己的思想，有的都是什么拉夫基斯基、拉吉夫斯基。你们一定想到了这个人，他就是有名的作家老舍。好多年过去了，我们中国人是不是有自己的东西了呢？

我读研究院，大概在 1980 年前后，中国人又一次打开眼界。不客气地说，我们那时候的心理是高度的“崇洋媚外”的。当时，要到北图（那时候国家图书馆还叫北京图书馆）查一本书，到善本部查。这本书是何炳棣的《中国人口研究，1368—1953》，何炳棣是位美国学者，也是美国的院士。后来我通过北图的一位朋友，在善本部的秘密卡片柜里，先找到这本书的目录，再找到这本书。发现这是 1959 年时何先生送给北图的，二十年竟没人动过。而那时候我们就一心在找这些东西。

如今三十多年过去了，我们还是要如此地崇洋媚外吗？我们不应该有一点自己的研究吗？而且，各位如果也跟我一样是一个“爬格子”的人，那么到最后，学术性的总结，你不得自己做吗？清朝的遗老遗少留下来的不止一本书，其中就说到这件事，说别人替不了你，我们只能自己做。而这件事，你不好好总结你自己，别人是总结不来的。

我在小书“乾隆三部曲”里，有一个总结，说我做了十七项研究，主要是讲清史。现在想来，这十七项研究有点琐碎。按照后来总结的，我这一生做的学院式研究有三个部分：第一部分，就是十八世纪，包括我现在的“乾隆三部曲”，原来我没有看好这部分研究，不过还卖得不错（指这套书的老版——编者注）。

第二部分，就是地主和农民关系的问题。坊间传说我给地主翻了案：地主根本就没有那样残酷的剥削，中国历史也没有那么黑暗。各位如果热爱中国的话，就应该把脑子里给中华文化抹黑的东西全部扔掉。

第三部分，我在我国香港出版了一本书，叫《中国农民反行为研究》。按照中国文人的说法，这是最得意的东西。什么叫最得意呢？你跟人家唱对台戏，那不叫你的开创。你发现一段历史——“反行为”，农民怎么来“对付政府”，有什么秘密的事，而且你我身上可能都有过这个事，可是没有人写出来过，没有人把他给拿出来过。那么你发现的这段历史，是中国古人自以为最得意的东西，也是我自以为最得意的东西（一笑）。

但是我们今天，主要来谈“乾隆三部曲”。我陆陆续续收获了一些好的评价，有一位叫谢志浩的先生，他就说我是第五代学人里的特殊独一人。张鸣先生说，没有想到有人能这样写乾隆朝，写乾隆帝这个人。书里涉及很多问题，这些问题很奇怪，就是和别人不一样了，这些问题和现在联系在一起，或者和今天的历史这样的沟通在一起。这个情况，可能除了我之外，还没有人这样做过，这就是我所讲的重点。

这套书的第一本《乾隆十三年》，可能也是卖得最好的一本。书一印出来，我拿到手里，就感谢出版社的编辑，几乎稍微知道一点的老朋友见我就说，这书好读了。有人说这书已经成为畅销书，当然是学术著作里的畅销书。有人叫好，说这书是没被看好的一百本好书之一。台湾的朋友说，老高你是不是要在那儿拍电视剧了？

有一个老人，他这样来形容这书，他说这书有三个“有”：第一，有自己的视点，就是观察点，提出问题的点；第二，就是有自己的见解；第三，有自己的风格。他觉得我还有一点幽默感，所以他喜欢这书。

我的一位老同学，他说咱们一代人之间就不一样了，你写的东西和我们的都不一样。不过，我觉得我的研究生同学，可能比我大十岁八岁五岁的都有，这中间并没有差了一代，只差了半代。大约在一代到半代人的时间里，就是说三十年里，我们中国，有十几本乾隆帝的传记出版，他们之间可能有很多的相似性，而我可能和他们谁都没有相似之处。而且据说，是处处唱对台戏，即使说都不一样，也不为过。

这本书的特点，可以说是没有意识形态的话语，没有套话，没有陈腔滥调、假大空，没有这类语言。这也是对原来的乾隆研究的一个挑战。将来有一天，有人说是不是高老头你的东西会成为主流呢？我想这并不重要。但是我估计，可能在今后几十年的时间里，都可能会是和别人不一样，也可以说是超前的一本书。

下一个问题，我想讲的是写历史的立场问题。写历史有立场吗？当然有，但是我这里讲的立场并不是什么左啊右啊这类观点。大多数人，或者说绝大多数人，他思想的立场，他写书的立场、写历史的立场，是一样的，他们都是站在了一百年前的新文化运动的立场上，德先生、赛先生的立场。我不是，而且我积极地反对这个立场。咱们不多谈了……

我的立场，要后置得多，后置到什么地步呢？后置到 2000 年，或者后置到 2012 年、2013 年。我们今天重新看，和 1919 年看中国历史——你们想想，那时候是倒霉透了，惨不堪言吧！所以新文化运动那拨人就是要把中国文化彻底反掉。

我们在二十一世纪，不管还有多少的问题、多大的问题需要解决，但中国已经成为世界的第二大经济体，对不对？这个情况，尽管中国还有很多没有做到的事情，还有很多很多个“黄四郎”需要请他们走，但我们和那些沉溺在中国悲哀里的人就不一样了。

谈完立场问题，再谈切入点问题。随便举个例子，如果你写中国当代，你在 2008 年 12 月写，我估计你完全是一个非常乐观的态度。可是只差一个月，你从 2009 年 1 月写，情况就大有变化，这些事我们都经历过，世界经济危机来了就变了。所以找好一个切入点，会很不一样，你写道光帝和写乾隆帝，那当然就不一样。

我就是明白地提出我的切入点是十八世纪中叶以前，或者说是乾隆十三年，1748 年。这个时候，就已有了国际组织在中国，它叫耶稣会。这耶稣会非同小可，实际上是带有革命性的一个国际先驱组织。它是矛盾的，但它主要是给中国说好话的。这时候，它影响了法国的学界、法国的政界，法国人包括很多欧洲人都觉得他们应该学康熙、学中国，这个时候是这么一个时代。

可是过了若干年，就在大概不到五十年后，可能有二三十年，就出现了一个重大的，我们现在取名字叫作“转折”，历史就出现了转折点。这个时候，孟德斯鸠一派人就占了上风，他们本来就在争论，就说中国是一个黑暗的专制主义这么一个国家。这一派就上台了，占上风。他们这一派人，我今天给它扣一顶帽子：他们就是要意图灭亡中国文化，他们要把中国文化灭掉。

过去我们老一辈争论，中国过去是先进的，怎么什么时候变落后了呢？我认为这个说法呢，也对也不对，实际上外国人从这个时候就在找一个机会好下手。有人说，这个是西方中心论的看法，我认为，也对也不对，实际上，他们的目的就是要看衰，“衰败”的“衰”，广东话叫 sui，把中国文化给弄衰了。

这种观点到二十世纪到达顶点。反了，反传统，反自个儿的祖宗，骂祖宗很多，到了二十世纪，到了无以复加的地步，到今天还有。那我们和他们，我们是从十八世纪中叶来看这个事，与他们后来看的情况的立脚点和切入点都不一样。

我的“乾隆三部曲”是在二零零几年写的，不是现在，用了几年时间，没有几年时间当然不行，而且我还有几十年的积累。我从 1978 年入校读研究生，留校做清史，那个时候我做经济历史。我本来是一个比今天还甚的书呆子，是做经济史、做十八世纪的经济史，这么多年的积累。但是到最后，我发现这段历史有一点神秘不可测，等到这书出版以后，我有一天说我再看一遍，看看有什么问题没有，这个编排、版本和错字什么的，结果我觉得这本书是我写的吗？特别是这本书的最后一两节，我不认得它了。后来我们经过几次讨论，有的是在视频上，和别人一块评论，我们不断地在加深对书里一些观点的认识。现在来看，它好像也不是我一个人的了。别人可能很喜欢说我的哪点就对了，或者我的哪点就错了，很少人说，我应该改过来。我现在觉得，书里可能有很多不同的观点，把它们并列起来才可能更有意思。

2

中国古人写书和现代人写书不一样。现代人是口号体，有人叫作标题党，或者博客微博，几十个字就完了，跟喝白开水一样。古书不是这样的，古书不是让你一看就看懂了的，是让你一定要有思想准备，有准备去读，慢慢可能才明白了。比如《水浒传》，按钱穆先生说，没看过金圣叹的注，金圣叹的本子，那《水浒传》就算白读了。连钱穆先生都说了这样的话，那我们现在也算对这套书做一个解读。

第一个问题叫作“十八世纪中国的现代化”。十八世纪的中国难道在现代化吗？这是我一个耸人听闻的看法，是的，不错，我是这么认为，当然这个现代化在那时候有没有实现，那是另外的问题。按照西方学者的观点，比如法国著名的年鉴学派学者布罗代尔。他说在十八世纪，世界历史上存在两个共时现象，这种现象在世界历史上极为罕见。

第一种，人口持续增长。过去是断续的，一上一下。欧洲历史更厉害，从十八世纪以后人口就基本上只往上走，不往下跌了。这一点，中国和欧洲是同步的，中国大概还早五十年。我过去写到这里就没有往下写，我以为人口增加是一个自然的社会现象，而现在觉得这个看法不对，这件事当然跟政府关系很大，不多说了。

第二种，是我们的重中之重，就是说，中国和欧洲当时都在加强政府。在欧洲人看来，这是一个现代现象，可是我们中国人，可悲得很，我们一个劲地往自己脸上打嘴巴，我们认为中国还是在古代，乾隆帝还是在古代，还是一个封建落后的状态。实际上，我们要知道，中国这方面，有很多非常值得称道的地方，我会慢慢地说来。现在，国际、国内也有老一辈的学者开始认同我的这个观点。

"加强政府"重要的一个方面就是政府以经济发展为它的一个重要的责任，古话叫"劝农"。清朝皇帝，康熙皇帝在康熙四十年以后，也就是十八世纪初，就提出来中国有人口问题，要"预筹安养之策"。在我们上学的时候，那时说中国有个洪亮吉，像外国的马尔萨斯，是中国的马尔萨斯，开始认识中国有人口问题。他和康熙皇帝差了九十年，我们要知道民国年间的学术研究其实就是很可怜的，咱们用句难听话叫"拾人牙慧"，有人跟马尔萨斯相近，你就怎么怎么样，很可悲啊，当然这是时代的问题。

而且，我认为康熙皇帝这时候提出来"预筹安养之策"，想办法来养活这些老百姓，这不是"小打小闹"，因为人口这时候是成批量的增长。所以他的图谋也是很大的。我们可以发现就在十八世纪之内，中国的人口就从大概一亿，到乾隆末年，十八世纪末，达到了两三亿。劝农，就是推行农业政策，在乾隆时期达到高峰，到处都有这样的记载。而现在有了外国学者发现，出口转内销就盛行一时，说中国的国民生产总值有什么卓越的表现，中国在世界上，大概是老大，当时占全世界百分之三十的国民生产总值都在中国，这是外国人在二十年前发表的。所以这样来说，清代政府就功劳很大了，

◉ 宁绍海塘图（局部）

这是一个方面。

另一个方面，就是政府大规模投资，兴建各种工程。有名的就是从康熙时候就修运河。到乾隆时候，加上修淮河。有一个官员，在他手底下就修了黄淮支流十几条，都是有名的河，主要在河南、安徽一带。在北京郊区有著名的永定河。浙江有海塘，我们知道那个时候乾隆帝就把它修成了大石塘。有金沙江水道，想从云南开道，把金沙江通到四川，这件事虽不算成功，但在当时野心很大，心很高。有修建承德，“二首都”。有修建圆明园。乾隆年间大概在全国各地都重新修了城墙。有人说北京的四合院大多数都是乾隆年间的。还有各地修粮库，搞大仓储。关于那个仓储，现在欧洲人研究，中国政府的粮食仓储怎么搞。福利设施，欧洲连想都不敢想，那时候欧洲比中国应该说落后得多。这些行为，只有今天中国的二十世纪可

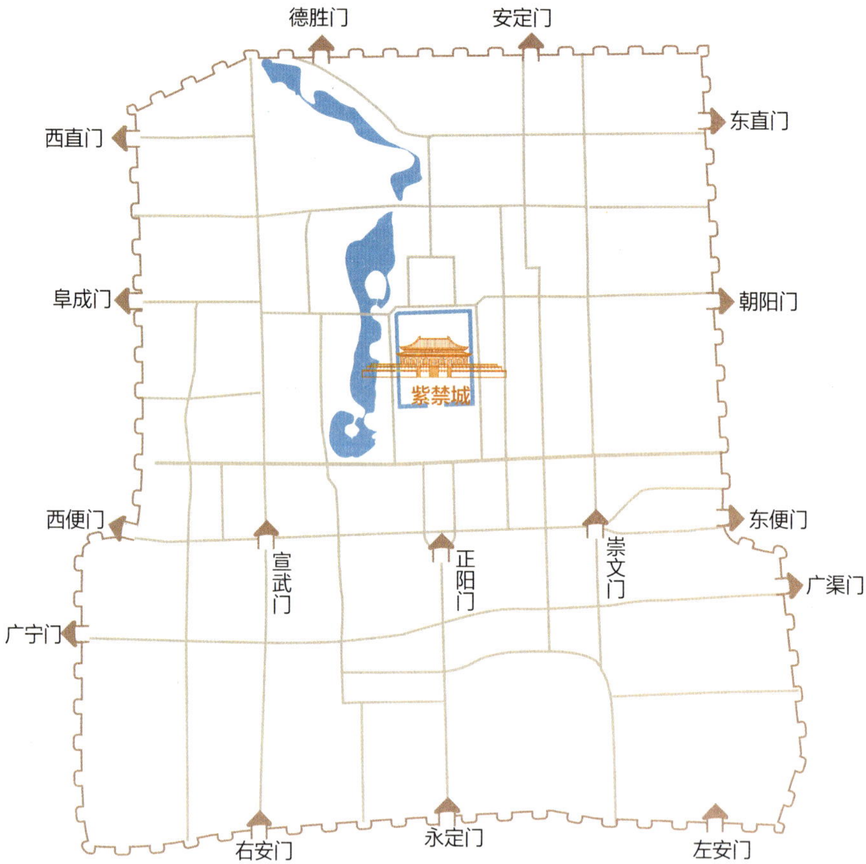

◉ 历代扩建后的京师城门

以比一比，历史上没有一个时候能够跟它比。

还有最后应该说的，叫作画地图。2010 年我到伦敦大学亚非研究中心，去开一个学术会。我就发现百分之二三十的欧美学者都在谈地图的事，谈中国的地图。中国从康熙晚年开始，到乾隆初年，把全中国的地图按照现代的方法画了一遍，这件事领先于世界的大多数国家，比中国强的只有个别国家。所以这件事，过去我们只是作为一个普遍性的、事物性的研究，说有这么件事，但在我们现在看来非同小可。

这个时候，世界开始了现代民族国家的建设，中国在这时有一个作为，而且还是一度领先。我曾写过一篇文章《十八世纪，二十世纪的先声》，“先”是“先后”的“先”，“声”是“声音”的“声”，就是二十世纪我们中国的这些事，无数的事在十八世纪都有了，比如说解放贱民。贱民，卑贱的奴隶们，什么乐户啊，那个时候都解放了。这就是现代思想，雍正就有现代思想，小民要一视同仁。雍正把农业税、人头税完全取消，归并到土地税、粮食税里，他并没有说他自己有人权思想。可是我们客观地说，他这背后有什么东西呢，他把吏役、服劳役给解除了，到雍正年间特别是到乾隆初年，在这套书里都有讲，他曾经想搞“土地改革”，想搞均田制或者井田制。

这还了得，不是说这是封建地主的国家吗？如果乾隆帝当时搞了这个的话，那他是不是一转脸，他的“阶级属性”都变了？我们的老一辈就这样语无伦次地写书，写了几十年不反省。后来土地制度改不了了，准备减轻田租，收租的要怎么怎么少收，这是怎么回事呢？还有在十八世纪，我们要知道白话文有了、《红楼梦》有了、考据学有了，还有一个考据学的对立面，叫章学诚，他们的对立面有了。

像这些东西，都是到了二十世纪初叶的民国年间，外国人发现的，这些东西正是西方人那时时髦的玩意儿。《红楼梦》的写法，考据学和德国的兰克学派，怎么怎么样，结果就大吹特吹，结果呢，这些东西十八世纪咱们都有。这个白话文，我说的是满洲人学的满语教材里有白话文，人家说《红楼梦》就是白话文，我还真是“老赶”了。

然后是农业政策方面。清朝的政府到了雍正的时候，一度还说，我们应该拼命地开垦土地，实际上他的爸爸和儿子很快就认为我们的土地当时没有多少了，我们应该往前走，应该走出土地开垦之外。这段历史，和我国的农业政策历史是若合符节。你们可以看我 2011 年在《炎黄春秋》发表的一篇文章，就是写这件事，清代的农业政策与当代的农业政策的关系。然后乾隆皇帝提出来，就说我们不要以粮为纲，在粮食之外，可以搞什么什么，这就是我们八九十年代的农业政策，这改变几乎是一模一样。

中国以后再走这段经历，是三百年前我们祖宗已经走过的经历，但是我们没总结过。我当然也不能说我们领导人是学了清史，或者是看了高某人的论文怎么怎么样，没那事，但是这个客观来说是这么一段东西。因为我的经历和这些东西有很深的关系，所以当时我就感触很深。甚至最近我才感觉到，我们那时候“学大寨”，实际上还是为了开垦土地，这思想很老，开山治水。

政府问题，是今天最大的问题之一。改革开放之前，从二十世纪五十年代以来，中国的政府就扩大到了极致，政府的权力太大了。到了八十年代，改革开放，政府权力就往下走，很多事就放开了。有的放得很好，有的有问题。这种问题是不难想象的，因为你做这么大个历史事件，你的思想准备严重不足、很难到位，比如说教育问题、养老问题，都不应该完全放开，医疗问题，都是。而我们就是这样走的。

我们看《乾隆十三年》也有这么一段历史。乾隆时候，就把政府权力扩到很大，储存很多粮食，要救济老百姓。他不但要灾荒年救济你，平常还要不让“一夫失所”，不要出现一个人挨饿，这个想法太大了，回到了所谓“三代”，当然是做不到的。但是，我们就说乾隆朝的这个过程和当下的这个过程是一样的，而且乾隆皇帝有清醒的认识，不是高某人在这里瞎说，乾隆皇帝说：我要想老百姓举身家性命都一切靠官府，这是不对的呀。越想做得好，越做不到啊。所以我现在要改弦更张。快下“罪己诏”了。

所以，乾隆朝的这几件事，都带有极大的现代性。一句话，不知你们的个人观点怎么样，现代性问题，就是二十世纪以来的问题，就是政府的角色、政府的地位、政府的作用、政府作为不作为、政府如何作为，这是超级问题之一。我个人认为，要做研究这是一定要抓住的时代问题。

再一个，就是和世界史打成一片。我书里，就引用了一个叫刘松龄的人。这个人在今天来说，是斯洛文尼亚人。他在乾隆初年，从欧洲来到北京，很快就当了钦天监监正——一个小部的部长。这个人，我们清史学界，在这些年，刚刚重新认识，原来我们不知道有这个人。

我把刘松龄搁到书里头，给他那么高的地位，这也是过去没有的。斯洛文尼亚人也没有想到，他们有一个人进入了中国的正史。当然了，他们现在把他看得很高，这就是他们的熊猫宝贝。他是马可·波罗之后的，可能是最伟大的外国使者。马可·波罗也不是意大利人，各位，波罗是克罗地亚的姓。

刘松龄这个人特别奇怪，我在书里就说，他一方面是中国政府的官员，高级官员，他是五品的官，后来乾隆帝给他提升为正三品，他就是高干了。可是他同时又好像是一个西方记者，把中国的事秘密地报告回国，然后他还是持不同政见者，他对中国皇帝的好多作为特别的不满，其中还有很多的想法带有人权思想。

看他的信件，他好像站在中国人民一边，他意思好像说中国人民快解放了。他说，乾隆十三年这场仗，皇帝在小金川打败了，丢了大脸，如果东南方再来个起义，那清朝是不是就快完蛋了。你们看他是什么人，好生奇怪，所以当我把这段写了以后，我的斯洛文尼亚朋友有点受不了，说你把我们这个人写得这么复杂，他就是一个好好先生，他就是为了中、斯友谊而来的。

但是刘松龄这个人在中国就是这样，皇帝实际上还知道他的很多东西，就容忍他们，真的，你们要看教案的历史，你们就会重新发现，中国的皇帝差不多是最宽容的，这些人在欧洲早就被烧死了，其宗教早就被人灭绝了，哪能容忍有你这么个异端呢？这个时候，这些思想不知道影响了中国没有，就在这个世纪，十八世纪末，中国出现了白莲教的大起义，而他们法国发生了有名的大暴动——大革命。

有人说法国大革命好啊，好得了不得，我看不一定吧，现在法国大革命在欧洲差不多被翻过来了。而且法国大革命里头有最糟糕的东西就是弑君，杀皇帝，是可忍孰不可忍，对不对啊？我们不一定就说中国历史可悲，哪个国家都有哪个国家的倒霉事。不要以为就咱们中国才这样，中国这点事咱就看不过去，就咱中国倒霉，咱们中国祖宗坏，根子坏？中国怎么没有老祖宗的现代化？我们自己这辈人在这儿吃个香饽饽就得了……

3

我们现在谈第二本书《马上朝廷》。“马上朝廷”这个词，受到了美国一个新的清史学派的影响，这个学派叫“新清史”学派。新的清史，不知他们怎么起的这个名儿。他们特别强调的是什么呢，他们就说，清朝不是一个像明朝一样的这么一个传统朝廷，它有另外的背景。我觉得这个话说得很好，它不光和明朝不一样，它有点像唐朝，它有点像那个“天可汗”，到了草原上，就说我是大可汗，到了关内，就说我是中国二十四史里的一个朝代。

我们也许应该有个地方特别强调这点。那我就在这多说两句吧。我在这套书里好像有这样的话，“一个‘幽灵’，在中华大地徘徊”，就是讲的清朝的事，它有先进的武力，有鲜明的国际背景，依靠武力的强大，就征服了中国。但它还有意识形态上的外来的一套东西，它和中国的传统不一样。

怎么不一样呢？比如说要搞“土地改革”，乾隆初年，这个书里都有，讨论这个问题的铁杆派全部是满洲的贵族。后来搞这个租佃关系，要求减租的，这里头的铁杆也都是满人。皇帝就更不用说了，他一而再再而三地提出这个观点。在皇帝面前跟人争得脸红脖子粗的，这些人差不多都是满人，镶黄旗的贵族。清朝人进来，入关以后，就圈了土地，有人就把这件事随便地理解为清朝人野蛮，

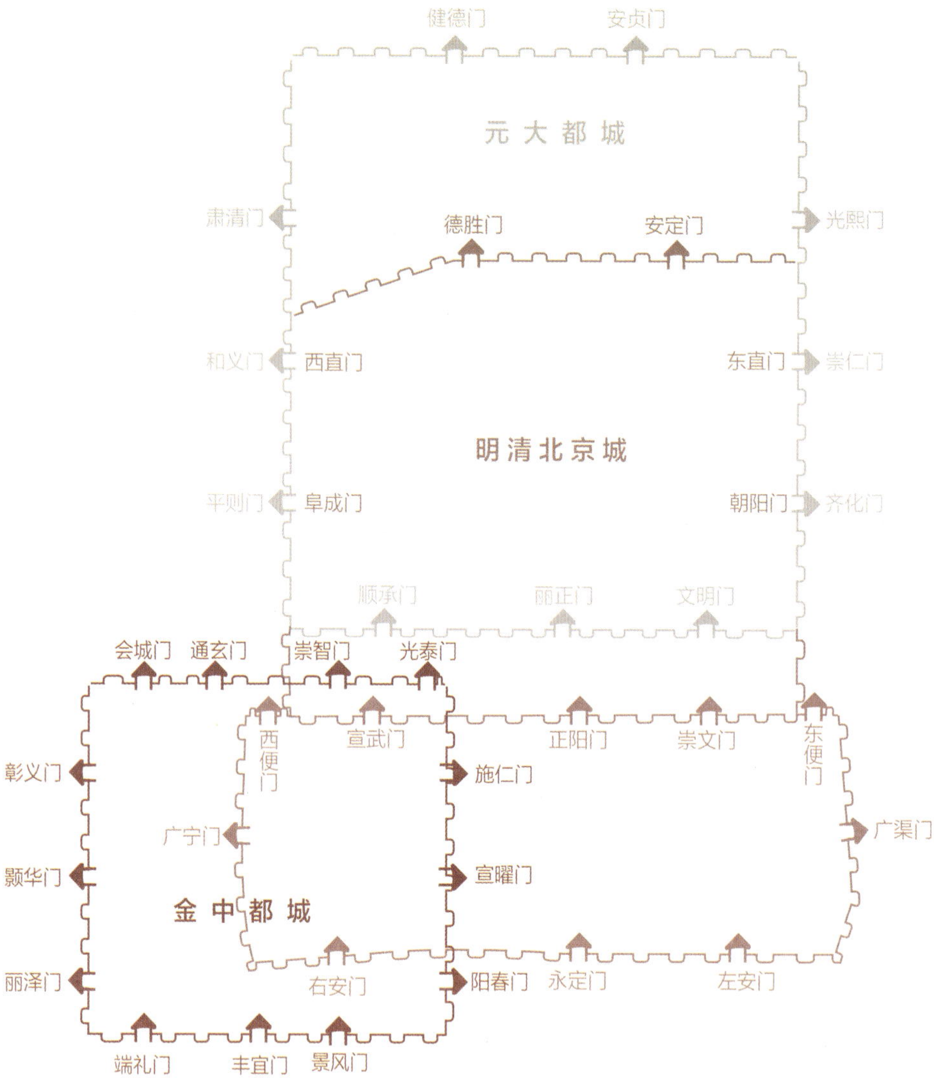

◉ 金、元、明、清时期北京城范围示意图

我觉得这个就是政治观点不一样，有人说是种族问题，我认为这只是政治问题。用咱们今天爱说的这句话，他不理你。不理谁啊？不理汉人这套东西，什么土地所有制啊，我就我这套，他在关外时候就这样。

所以有一本书，美国人写的，就说清朝皇帝的南巡，不要以为是为学习汉族文化，到汉族那里朝拜去，他说你们都想错了，他一路上是行军的规制，全是露营、骑马，不许坐抬轿，然后走在田野里头扎营、搭帐篷，一路上就是以昔日南下时候怎么征服汉人的同一条路线走下去，重新向汉人宣传他的铁的一面，军事上的这套东西。当然他最后也没有成功。

我写这段历史，就是乾隆十五年到乾隆四十五年，甚至到乾隆五十年，大概三十多年的时间。乾隆皇帝这时候开始南巡，南巡后跟着就搞文字狱，最黑暗的历史就是乾隆朝的文字狱，无法解释的痛苦。但是我就用了一个别人没用过的写法，就是把这六次南巡做了六个小标题，把中间的政治故事，都按照这六次南巡编了一遍，让它变成了一本政治史。这种做法是前所未有的。

可是我也想给自个儿辩护，如果我们是一个传统史学的传人的话，我们要知道传统史学里是没有社会史也没有经济史的，只有政治史。经济史完全没有吗？像司马迁的《平准书》《货殖列传》，这是经济史，单出去写。如果你写皇帝、写大臣的传记，那都是政治史。我们现在人已经不会这样写了，所以现在我估计以后也不一定有人会照着这样写。

书里涉及几件大事，一个就是山东的王伦起义。王伦起义里涉及的争论就是现在的流行观点，就是阶级斗争理论。说王伦就是穷人的代表，地方闹灾，他就乘机起事了，就代表了，我不知道他代表了哪个阶级，虽然现在这是主流观点。但乾隆皇帝就不这么认为，乾隆皇帝说这批人就是一个教派，找个机会就给你一下子。他就是这观点，这是个信仰问题。

老实说，乾隆年代中国是不存在阶级斗争的，按照西方理论，在工业革命以前的农业社会是没有阶级和阶级斗争的。不要太自作多情了，有人说地主如何剥削农民，要说那简直是胡说八道了。清朝的时候没有一次起义是“阶级斗争”，清朝所有的起义可以说几乎都是“宗教斗争”，都是信仰问题。

第二个是“叫魂”。《叫魂》是美国学者孔飞力写的，卖得特别好，出乎意料，他自个儿也没想到。那么我们，和他有一些不同的观点，我就不多说了。最近再版了，是他的弟子和我们留美学会的同学翻译的，写了新的后记。我多说两句，这个后记大概把孔飞力给抹红了不少。他书里原来的观点，有些东西是不清晰的，有些问题是没有他们说得这么好，比如说他们提到一个问题，就说黄仁宇到底对中国历史怎么看？比如说在上次讨论里，就有人提出来，就说高某人你的《乾隆十三年》和《万历十五年》有没有一个比较？黄仁宇是我的老朋友，我那时候有点觉得，黄仁宇是要看中国为什么落后。但是我的朋友在新版本《叫魂》里就说，孔飞力这时候就开始想，中国实际上有很多内在的先进的东西，就有了怎么怎么样。我不太同意，因为老版本的《叫魂》里是没有这个东西的。

从书里我们还可以看到一个小的故事，发现乾隆帝是一个很精明的人。他在书里是一个破案的高手，我们这里只讲他的一个破案故事。实际上，如果像我的同事那样看档案的话，乾隆帝破案的故事太多了。他坐在北京紫禁城里头破案，他指挥边疆的战斗，他都是很成功的一个人。他在这一年突然看到湖北有一个案子，里头有张某某。两年前曾见过张某某这个名字。你们想皇帝那么忙的人，他想起两年前见过这个名字，我真的吃了一惊，然后他就让底下重新报告这个案子，怎么样怎么样追查这个案子，追查完了以后，他就发现湖北省有问题。他把湖北省的官员连锅端了，半个省的政府都被他端了，厉害啊。所以我们就说，你要是遇到这样的事，最好就要有这样特别细的了解。现在，就是因为有档案，我们不知道这些人是怎么看到这个档案的，这是我们台湾同胞写的故事，很了不起，我们把它引用到这本书里。

最近我有个学生要开始讲课，说他要讲雍正，便询问我。我说美国人就喜欢雍正，美国人不喜欢乾隆，为什么美国人不喜欢乾隆呢？我过去没有想过，因为我和费正清有过一次对话，我觉得费正清就已经不怎么理解我了。美国人不太往乾隆身上下功夫，为什么呢？我以为就是因为他们读不懂乾隆。乾隆有很多材料——雍正材料特别多，他们特别喜欢。但是，乾隆的这些材料呢，充分体现了乾隆的“专制政治理念”，我打引号啊，我不认为乾隆是专制的。但是我们说，乾隆的“专制主义”的政治理念，乾隆的“反民主”的政治理念，美国人读不懂，读了以后就要吐血，就要骂他。所以说，美国人就停在这了，他们如果能够正面看，

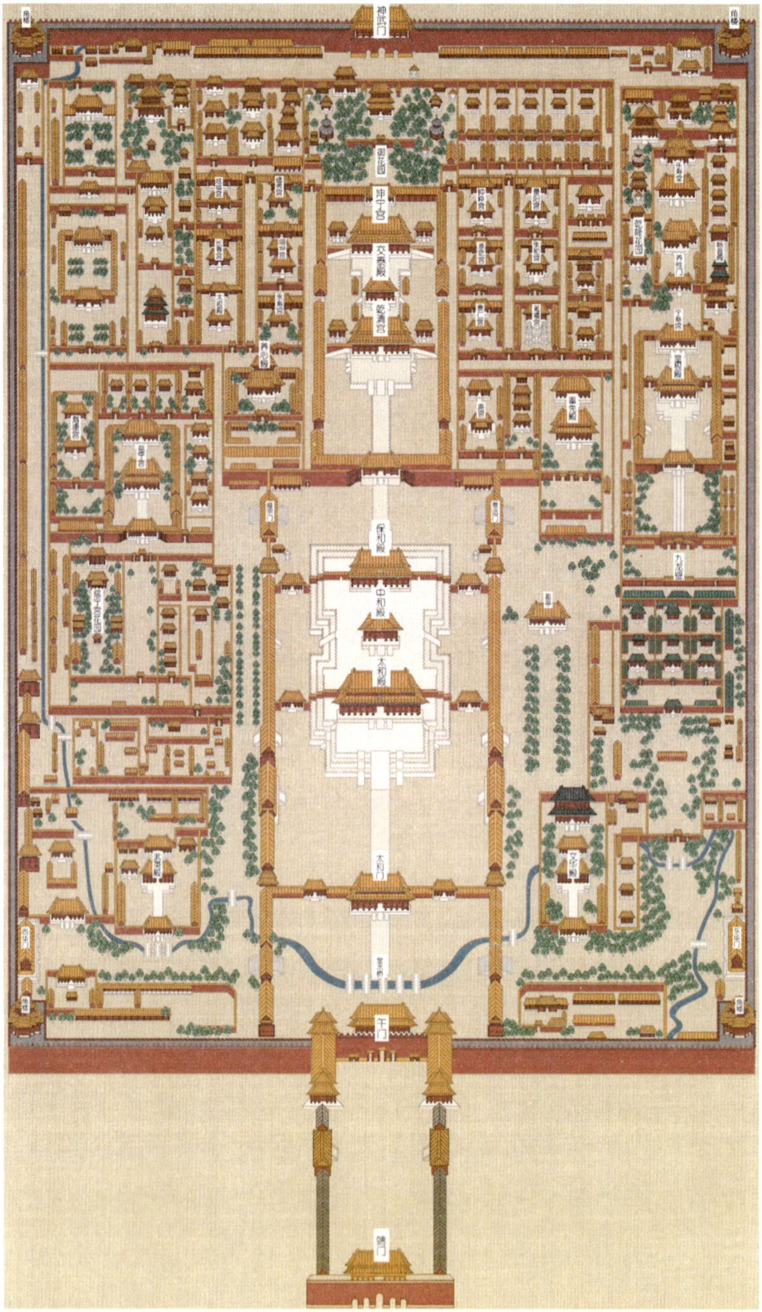

◉ 紫禁城示意图

应该能够写出一个非常有声有色的乾隆，所以这是一个很有点遗憾的事。

4

我现在讲第三本书《乾隆晚景》。

最一针见血的批评，就说，高老师这三本书——我自己也承认——一本比一本“不像样子”。正文越来越短，附录越来越多，越来越长。我承认，这很对不起。但是，我这样做，出版社又同意这样做，甚至主动要这样做，把我那些“八竿子打不着”的东西都发表在附录里，我觉得也有他的道理，就是说那些东西不是没有价值的，我们有很多的比较随意性的东西，非学院式的东西，都在这里表现出来。

第二个就是我主要在博客上发表的观点，我认为中国传统不是专制主义。这点来说，我的好多朋友都接受不了，我觉得专制主义就是扣在中国人脑子上的一个屎盆子，让你一接触中国文化，就说你专制主义，你就跟人家没有对等关系，你就臭不可言了。实际上，如果你认为中国人口多就可悲，中国是专制主义就可恨，你再认为地主剥削农民是多么之残酷和黑暗，那你还爱什么国呀？你们去过美国吗？去了美国你就知道，你是个中国人，你不去不知道。无数的人，包括我们的老前辈，比我大五十岁的人，那些名人，到了国外，他的思想就变了，他就好像站在一个特别的立脚点上重新看待我是谁？所以我不要求你们今天就完全同意我的观点。

《乾隆晚景》呢，很短，正文很短，它是和我们学术界现在的流行观点唱一个大的对台戏。我也没有说人家都错了，但是我的意思就是说你们每一个现成的说法都有问题，都可以倒过来想，我是这个观点。我不要说人家都错了，你干吗呀，当老大，你“以为真理都在你手里”，哪有那事，历史特别复杂。我们就有四场在唱对台戏，就是观点不一样。

其中之一就是经济史的观点。大多数人认为，乾隆晚年，中国就已经到了经济崩溃的边缘，经济上是无路可走了。这个观点，我从一开始就不同意，从三十年前就不同意。为什么会出现这样的问题，其实重要的原因之一就是：在做法上并不重视经济史。各位明白我的意思，就是马克思主义认为，经济史是最重要的一个部分。如果去国外留学搞历史你们就知道，外国学者是何等重视经济历史。我们这里就是一味地外行，他不懂经济史，所以他在这瞎说。他认为乾隆末年就怎么怎么样了，乾隆末年只不过三亿人口，到五十年过去以后，中国就四亿五千万人口，那中国还要怎么办？这就不通不通又不通，就这么个观点。而且，作政治史的人和经济史的人是互不相干，我也不想知道你，你也甭知道我，就这么一个可悲的状况。具体的观点我就不说了。

还有的，说有一个不曾存在的机会，对马戛尔尼来华，说如果乾隆老爷爷同意了通商，那咱们中国不就打那个时候就改革开放了吗？好像那意思是说，以后的革命都可以不要了，是吧？我就很奇怪，那个时候没有人想通商啊？马戛尔尼也许想，但是清朝政府里头没有一派意见，跟皇帝面前说咱们把这个作为一个现实考虑，你这事是无从谈起啊。所以我给他们扣了一顶大帽子，叫作“虚妄史观”，“虚伪”的“虚”，“妄念”的“妄”，虚妄的，你胡思乱想出来的。

再说了，这里有一个重大的逻辑问题，就是说，假定乾隆时候的底下有一个班子，有一个头头，说咱们改革开放、五口通商，乾隆帝说好，咱们通商了。下一步呢？下一步咱们开放口岸了，再下一步呢？你得再假设吧，假设出现什么样的局面，对不对？不能出现“砖缝”吧。你这个逻辑怎么设计啊？你无法设计，你太狂妄了，你设计一个系列的逻辑，要一码子一码子这样，然后中国历史打开了，这不是妄念吗？就连这个都不懂还玩历史呢？我说我近年最大的收获，就是历史不是随便能写的。历史非常难写，你要有一个很好的立脚点、切入点，还得掌握对材料。说皇帝那个时候政治废弛，我也提出了不同看法，就不多说了。

要知道清朝人修改档案厉害着呢，清朝人是随时随地地修改档案。乾隆帝一上来就把雍正朝档案给修了，《清实录》是几乎天天看，看见不高兴就改了。你不能说没有档案，这事就不存在，这就叫不讲理。所以我认为最好的办法就是把这观点搁在那，也别说别人都是外行，你们没见过，你们土老帽，别说这话，咱们搁在这。你自个儿爱怎么决定就怎么决定去。历史就是超级复杂。我的意思，乾隆晚景是悲剧性的，那就是马戛尔尼来了以后，就是要看中国的破绽，这个时候，这个破绽就开始露出来了。

但是我们不要太短视了。中国的历史被无数个关节点给割裂了，比如说 1840 年，比如说 1919 年，等等。我们就陷在这二三百年的悲剧里头，难以自拔。有人说中国的地主剥削怎么严重，有句有名的话：中国残酷剥削的地主，是千百年中国落后的根源。我最近想到这件事，才想起来中国哪有千百年的落后呢？好好想一想吧，中国的国民生产总值，中国的人均产值，在世界历史上一直是领先的，一直领先到十八世纪，甚至到十九世纪初年。凭什么说中国是落后的千百年，或者是几百年，这帽子扣的，简直是不像话之极啊。

5

好了，最后一个大的问题，是治史方法问题。

现在，说一句有一点狂的话，就是现在已构成了我自己一个小小的“门派”，很小，可能只有几个学生和一两个同人，但确实是一个独门独派了。当然，如果你自称是独门独派，你没有自己的方法行吗？我觉得还是应该有，不光有《求学偶得》十七点，还应该有方法。

我在方法问题上提出什么观点了呢，就是说，治史，做历史不在于爬格子。什么叫爬格子？就是跑到国家图书馆，或者首都图书馆，等等，去查档案、看材料，我起了一句难听话，叫“爬格子”。不要以为你的学问是爬格子来的，你看了材料你就有学问了？这才是庸俗观点。

按照钱穆先生的话，当然也是我个人的体会，在于你的“当身历史”，就是高某人一辈子做的研究都跟插队，都跟在农村调查队的那些经历有关系，跟农村调查有关系，都是跟个人经历、个人经验有关系。

你们看黄仁宇，黄仁宇把他扛枪杆的经验全写在他书里了吧？你看他写的回忆录，他写的缅甸战争，他的并不是纸上学问，纸上学问是出不了真正大家的。十八世纪中国的考据学派，十九世纪德国的兰克学派，搞史料那个学派是低级学问。

考据学就是“小学”嘛，是一种唯物质的反映主义的东西。看见个材料我就说什么话。

清朝有个人叫章学诚，他这个“章”，文章的“章”。章学诚跟考据学派作对，他提出来的观点，他强调感性、悟性，他的原话叫“神解精识”，叫直觉，靠这个东西。对不起啊，不是科学，直觉哪是科学，直觉是科学的对立面。

我们现在发现，章学诚的这个才是高等的学问。大家都看材料，那为什么我写粮食问题，美国学生都读我那段材料，《清实录》里的，怎么没一个人写出来，国内也没一个人写出来，为什么我就写出那段粮食问题？谁都看那些材料啊。那么呢，在这件事，我觉得我们在这件事，有意无意地面对了一个西方的巨大争议。

章学诚像

这个争议是跨世纪的，就与十九世纪德国的兰克学派在哲理上有争议，他们就是唯物主义的和考据学的。这个争议的关键点就是我们如何阅读史料？就这么简单，虽然说起来这么简单，这个争论可是有一百多年了。外国人就讲这套。就是你怎么读材料，你能不能读懂那些字文背后的含义，那时古人说这话到底什么含义，你能不能读懂，就这么简单。这个问题，就是我到法国高等研究院，法国人给我那么高的待遇，然后在法国跟我讨论的就是这个事。法国人跟什么人争呢，等于和德国人争，和上个世纪，和上上个世纪的人争。

我多说一句啊，真正的学问都在法国和德国那，原生态在法国和德国，甭管是谁的。我们有一些中国人现在崇洋媚外，崇的是谁呢？是“二道贩子”，美国人。真正的学问在法国和德国，而且按照我的外国朋友们的说法，你看一本书最好别说话，最好你把这原文看过，再比对，你才能知道人家说的是什么，有多复杂。所以法国最新的年鉴学派掌舵的人，跟我说他们在追的是什么，就文字背后到底是什么，你怎么认识，就这么一个原本的问题。

历史充满了假象，特别是在当代史研究里，乾隆也一样啊。我在我的专栏里就说，乾隆教案那么严厉，乾隆十一年，结果后来就从我们现在发现的材料中知道，好多教案，西洋人冒充商人，从澳门就走了，有的发现了，但皇帝不知道。那年头，皇帝多严厉啊，皇帝多精明啊，皇帝眼睛里多掺不得沙子。当然还有别的根据，所以我这套书里提出了新的观点，我也在杂志上发表过，包括我的博客(叫“二相世界”，“二”是一二的“二”，“相”是相片的“相”)。这个真实世界背后有一个另外的世界。

如果“反行为”将来可以算作一个理论的话，那就是我国几十年以来唯一的一个理论，让我“创造”了（打个引号，一笑）。我们并没有自个儿的理论，吴思有一个，叫“潜规则”。有人说叫外国理论本土化，我说打住，本土化就是把一个外国理论弄成中国的方式，丢人不丢人，是吧？这媚态就改不了了。所以我在文章《洋片儿汤可以休矣》里说道，别说了，丢人不？三十年了，还不来点自个儿的东西吗？

我提倡的东西呢，是在三十年前就提出来的，要“正面观察”，比如说我们写乾隆、写十八世纪，我们不是专门写人家怎么倒霉。我们要有一个人家本格意义的认识，人家本身到底要干什么，你起码得听人家本人自个儿解释吧？这《乾隆三部曲》就是做的这个事，听人家自个儿解释解释。

这个正面观察，要反复来回走，要“贯通古今”，要有历史感，我们叫“史感”（也有叫“实感”的）。我认为历史学的一个要点，叫“言有易，言无难”，说一件事有，是很容易的；说一件事没有过，那很难。还有“不要以为真理都在自己手中”，我刚才说了，别人看了什么档案，说那你们都错了，只有我这个对了。可过两天没准就又发现什么材料了，再说有些档案你并没看过，对不对？干吗说那么大的大话呢？

我认为，选题是优先的，最重要的是，做学问要有一个好的选题，那么你就成功了。你做个题目都是二十世纪八十年代外国人都做过，或者什么人做过的，多没劲。所以我从来的主张就是要做这种仍然是活着的，有意义的历史课题。

“汝为君子儒，不为小人儒”，孔夫子的话怎么搁这呢？你一辈子做学问，你一生只为“稻粱谋”，这种人多了吧。一辈子在研究所做教授，他死了跟这社会一点关系都没有，对不对？就顾自个儿怎么挣银子，这个社会道德责任你都不管，这个东西就是孔夫子所说的“小人儒”。

然后学术研究里头有道德考量，这里怎么还有道德啊？就某种方面说，这里有诚实的问题，有没有？有道德的问题，有良知的问题，也有勇气的问题和承担的问题，这些问题在我看来都是道德问题。你写文章、做人、做文章要一贯吧？你不能这会说谁谁好，过会就说谁谁坏，或者一本书里一会儿几笔好，一会儿几笔坏，这什么玩意儿啊？你们看，这种东西多吗？你不能就是求名要名。

中国古人认为“名”是老天爷最吝啬的一个东西，你要得到了“名”，你就会得到报应。我每当重新读到这个，我那心就“凉”了，那求名之心就下去了。所以我说，不奴颜、不折腰、不媚俗、不说首鼠两端的话、不做孔夫子最憎恶的那个乡愿。这都是我们的道德责任，我们说做学问是有立场的，我们提倡的是实打实的，是解决问题的，而不是虚假的理论，我们要实实在在的东西。有人说老师我们都做一点当代史研究，或者说老师我们都做一点1950，我不是那意思，我再说一遍，你的内心里要能和当代人对上话，这就够了。

我有个同学，比我大几岁，他就说我和他们这一代人不一样。他把我夸了一顿，他特别说，你下了不少功夫，古书读了不少。我一想这一点，他特别看重，我觉得他也有道理。他又说呢，你在这些事里头呢，都做了新的解释，你没有抄袭那古书的说法，比如说关于传统政治理念。

台湾的学者也这样说。我认识的一位台湾朋友，一百多岁了刚故去，他的思想就新得要命，我在学问上比他要老得多，所以我们也看到了今天很少有人用心地读古书了。

孔夫子说要自省，“三省吾身”，要知道这些中华文化的精义。还有人活着，人活着的第一要义是什么？假如连这都不懂，就把自个儿玩死了。所以我说，要用心读古书，“读古书”不是新鲜的提法，但是你“了解”了吗——这是我今天最后一句话，谢谢大家！

结　语

余生平治学，未尝有大的过失偏差；亦多有兴有为而发，不能说没有为名为利之心，然未曾扭曲内心，有悖于史德也。著作十余部，为文逾百篇，博客上千条，所作可以三十年前所倡“正面观察，

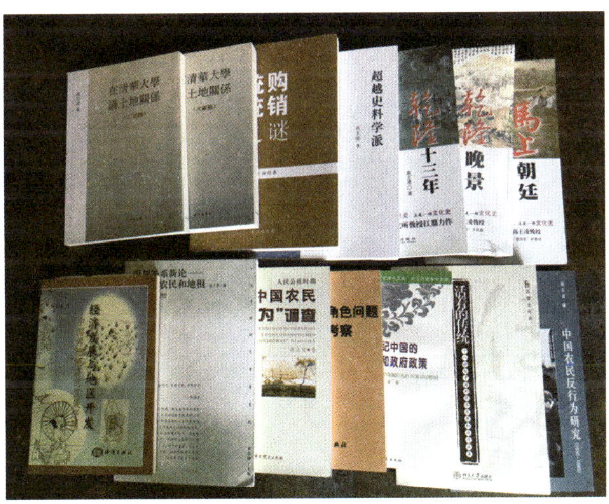

◉ 高王凌先生出版的著作

贯通古今”八字，一以贯之。

所谓“正面观察”，是给古人、当事者以一个尊重，一个说法，不愿强加于人。

所谓“贯通古今”，是主张一个来回反复查看的方法，而不欲拘泥于一时一事，亦似近于一种“史感”的把握。

这都是我个人的经验，也许还值得记述下来，给我的同人？

捌

中国的现代化始于十八世纪吗

1

“新的世界史、现代史会怎么说？”这一句问话也可以换成：究竟“中国现代史始于何时”？

按照一向的说法，中国现代史，是始于二十世纪（比如1919年）。在一般学子看来，这好像没什么争议。

至于中国近代史的开端，国人一般的认识，则是1840年的“鸦片战争”。有两部代表作，《中国之命运》和《中国革命与中国共产党》，分别为国民党人和共产党人所作。战后，以费正清为代表的美国学者把它前推了四十年，不是以1840年，而是以1800年划界，其代表作为《剑桥中国史》。但他们却有一个共同点，那就是把“外

◉《中国革命与中国共产党》书影

国入侵”看得特别重要，好像没有它，中国就不能发生什么重大变革似的。

不过，英文里并没有所谓“现代史”与“近代史”的区别，都叫“modern”，或“modern history”，如此而已。

所以，若高某人现在提出，中国在十八世纪就已经在进行“现代化”了，这岂不是有点“匪夷所思”“惊世骇俗”？

我为什么这么说呢？根据这样一种新的近代史观，中国从十八世纪，就已开始它的“现代化”建设，尽管其努力还很不够（否则岂不成了英国一类的“先发国家”）。其主要标志，就是在十八世纪，如法国学者布罗代尔所说，在世界上出现了罕见的“共时现象”：其一，是人口的增长（从此逐步增加而不再剧烈波动，而且它并不能理解为纯粹的“自然现象”）；其二，是各国开始加强政府的权力。对此戴逸先生曾经表示，可能还存在第三个方面，即开始了各国疆土的武力开拓，我则把它称之为新的民族国家的建设。

此外，十八世纪成为二十世纪的“先声”的，在中国还有：创新政治理念（乾隆皇帝的“三民主义”）、土地的全域性开垦、追求高产、开展多种经营、福利国家、议改土地制度、干预租佃关系、划分社会阶层、发展工业，当然还不应忘记政府在劝农方面的突出表现……

当日国家（政府）修举的大工程，除大运河之外（它是康熙以来的重点工程），计有：兴修畿辅水利，以及以淮河流域为中心的（黄、淮、淝、济、伊、洛、沁、泗等）九十三河；其他若干曾为民修的水利工程，亦由官府接手，动帑办理（如广东围基、安徽陂塘）；政府开矿；修筑海塘工程（特别是浙江海塘）、修建各地城垣、兴建官家园林（如圆明园、承德避暑山庄），以及开通金沙江通川水道等；各省郡县州邑修举养济院、兴办义学；破除迷信（笃信师巫），有病求医；令各省遵照征收钱粮之天平法马，制定画一之戥；完善已有的粮价呈报制度；绘制地图……

不止于此，举凡“考据学”、《红楼梦》、戴震、章学诚，等等，他们之所以在二十世纪被看好，就是因为二者之间有着某种“像似”罢了。现在发现，甚至“白话文”的文本在十八世纪已经存在。

换句话说，当十八世纪，中国即与世界上现代化的早发国家一同面对了一些“现代问题”（如人口压力），并做出了若干“现代努力”（如加强政府）。我们尚不知道这些“发动者”是谁，它多半却不是来自欧洲。彼此双方是如何“感染”的，也成为一个值得追问的问题。

这样，我们就淡化了“鸦片战争”的作用，也许它更像是一个历史的“插曲”，虽有其必要，但未见得有那么重要了。

现在看来，所谓十八世纪云云，所争的不仅是对一个“时段”的认识，而是涉及我们的“世界史观”的大问题：过去大家认为，除了英国一个国家带头实现了现代化外，其他都不是“上帝的选民”，现在看来就未必了，其他许多国家，包括奥匈帝国、俄国、日本、中国……都在“现代化”中，只是其命运、角色各不相同罢了——这也许是“新清史”给我们的启发吧；再如把它贯通到今天，谁说中国就一定“不行”呢——这也就改变了过去以经济暨经济关系，以工业革命为标尺的观察角度。

其实，在二十世纪八十年代，美国学者魏斐德就说，从十六世纪末到二十世纪初，都属于“近代史”的范围；黄仁宇也说，从明末一直贯穿至今天，“五百年为一元论”；笔者恰也有近三百年为“一个历史”的提法，认为从十八世纪到二十世纪，这三百年间，许多问题仍是“同一的”，努力是“一致的”，它也许只是“一个历史”。尽管如此，很久以后，我才把它上升为一种“近代史观”。

说起来，近年比较有影响的，还有弗兰克的《白银资本》，在他的研究中，已经改变了观察的视角，不再把生产方式当作最重要的问题，而看重于国与国之间的国际贸易。最近旅欧学者朱嘉明在《从自由到垄断——中国货币经纪两千年》中，更从经济运行的最高层次货币金融入手，与低层生产组织的研究取向成为鲜明的对比。他的跨朝代的巨视目光，实际上也在改写中国现代史和世界历史。

在往昔的解释里，世界现代化的历史是由一个“带头”国家带动和促成的，新的世界史、现代史观却包容了扮演多种角色而作用一时难以评价的许多国家的不同努力。

前些时候，座谈小书《乾隆十三年》，有与会者批评说：那乾隆朝到底有没有“现代化”，中国十八世纪的现代化是不是失败了？

讨论会的提问如果太繁复冗长，就很容易被有意无意“忽略”，我现在可以回答说，其实，中国在十八世纪表面上看是失败了，十九世纪（1840 年以后），二十世纪，很长时间都不只是一个失败，而是一败再败（因此我曾劝一些清史所的同学离开“近代史”，因为面对这些失败，在思想上很难翻过身来）。但是眼光再长远一点来看呢？如果一直看到二十一世纪，看到今天，中国的现代化岂不可以说已经成功？

从几百年前直到今天，这岂不是一个历史？只不过时间漫长了一点，那又何足怪哉？

我们的老朋友黄仁宇曾经说，（在二十世纪）中国的改革已经成功。我虽未敢这样，但也能说：中国已经“现代化”。

当然，我以为对“现代化”这个词，也用不着神乎其神。历史还没有走到尽头，中国还有很长的路要走。

我们怎能就想捡便宜，吃现成饭呢？

当然，若想前进，就一定要认清“自我”，认清当下的“立脚基石”，这也是黄仁宇先生在生前屡屡告诫我们的。

2

美国历史学家史景迁最近在一次采访中说：我发现中国人编的课本有一个缺陷，就是讲述中国近代史总是从十九世纪受屈辱和侵略开始切入。四十年前我就觉得这非常不合理，合理的做法是从十七八世纪（如康雍乾时代）的中国开始研究。

这大约就是我在讨论乾隆三部曲时所说的“切入点”了。选择十八世纪，看来并非偶然，也不是我一个人的主张。

同时，存在的还有一个“立场”或“立脚点”问题，百年以来，大多数学人都不假思索地站在了“新文化运动”一边，我却后推了差不多一个世纪，也不再把所谓“救亡图存”作为我们的时代问题。所以对中国历史也不再那么“悲观”（如所谓“屈辱”和“侵略”）。

美国历史学家罗威廉的《救世——陈宏谋与十八世纪中国的精英意识》，就是关于十八世纪中国的一部大作。

他以十八世纪的名宦陈宏谋为代表，展现了一代“精英”的意识和所作所为。虽然有批评认为他可能把陈宏谋拔高了一些，但那些问题却是极有价值，和应该引起足够重视的。

按照罗威廉弟子王笛的介绍，《救世——陈宏谋与十八世纪中国的精英意识》共分十二章（导论和结论在外）。这十二章分为三大部分，每部分四章。每部分的总题和每章标题都以相应中文字为名，皆取自陈宏谋的著述。著者这样做，是力图从中国语言的内在含义去解释中国的精英思想。

第一部分是“做人”，第一至四章的标题分别为：“家”“官”“天”“学”。头两章叙述了陈宏谋的家世、家庭、为官生涯及他的人

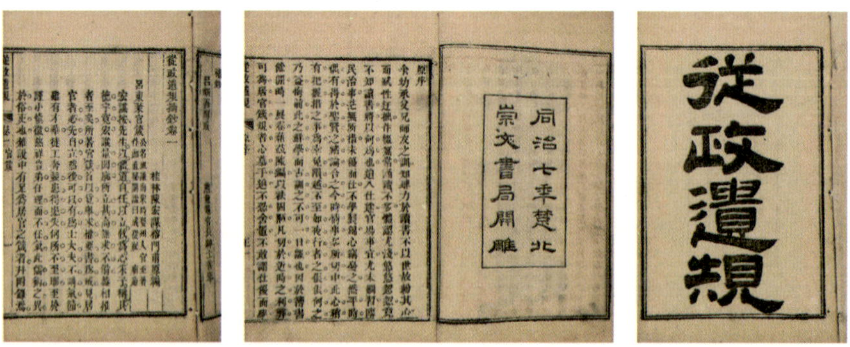

五种遗规之《从政遗规》书影

际关系。第三章分析他的哲学和世界观，特别是对“天”“天良”和“人情”等观念的阐释。第四章的重点是他的学术思想及渊源。

第二部分为“生财”，第五至八章的标题分别为：“食”“养”“生”“益”。集中于陈的经济观点，第五章探索人口、粮食、物价、流通等方面的问题，第六章讨论民生、财产、商业、经济法规等领域，第七章分析农业、水利、农业技术、工矿方面，第八章集中发掘从国家到社区仓储的思想。

第三部分为“经世”。如果说第二部分着重在经济，那么这一部分则着重在政治方面。第九章“人”主要考察人的各种关系，第十章“治”研究官僚行政管理，第十一章“公”研究国家与社会的互动，第十二章“化”阐述陈宏谋的教育思想。在我看来，可谓工程浩大，巨细靡遗。

不管历史上是否有着一个十八世纪的精英团体（王笛译作“正统精英”）曾经受到如此的关注，在罗威廉笔下，陈宏谋却成为这样一个对象，而且登峰造极，后无来者。

全书既涉及太多的内容，也难免受到这样那样的批评，比如有无“现代”之嫌。在我看来，其中最可贵的，恰是所谓“经世学派”。用陈宏谋自己的话来说，即“士人不出户庭而通当世之务，其术足以匡时，其言足以救世”。

因此王笛认为，在罗威廉看来，陈宏谋之所以重要，并不在于其任上骄人的政绩，而在于他作为一个官员的典型意义，以及他对“经世”之说的阐释。我想，这也可以说是罗威廉此书的最大贡献。

与此相关，我曾做过“十八世纪经世学派”的专门研究。其间才了解到，清廷有一个“奇怪”的规定，即不允许书写当代人物。所以十八世纪陆燿的名著《切问斋文钞》，就留下了大段的空白（罗威廉说该书没有收录一篇陈宏谋的文字，便不难解释）。十九世纪二十年代魏源编撰《皇朝经世文编》，收入陈氏著述达五十三篇之多，仅次于清初大儒顾炎武。而在我看来，该书的主体，并非是出自十九世纪，也不是十七世纪，而多是出自十八世纪（特别是六政中的户政）。

不管《救世——陈宏谋与十八世纪中国的精英意识》是否可以称为罗威廉的代表作，我们却是为此而相识的。1987 年我在哥伦比亚大学，也在杂志上发表了一点关于十八世纪的文字，通过创建中国留美历史学会，许多霍普金斯大学的同学来到纽约。这就给我们搭了线，从此我们的心就是相通的。以后终于在北京见了面。

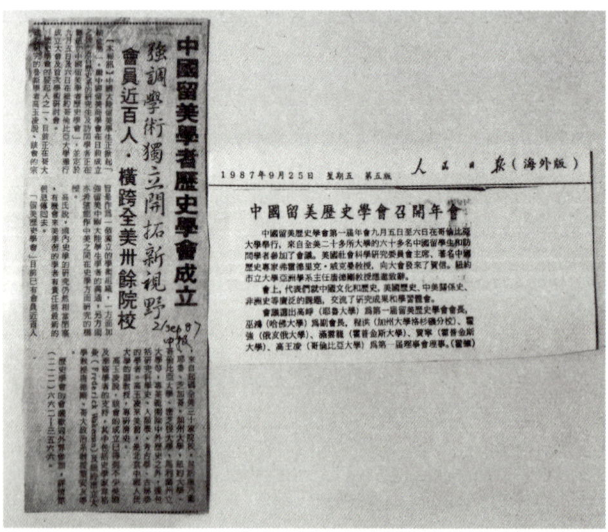

中國留美學者歷史學會成立

強調學術獨立開拓新視野

會員近百人·橫跨全美卅餘院校

1987年9月25日 星期五 第五版 人民日報（海外版）

中國留美歷史學會召開年會

中國留美歷史學會第一屆年會九月五日至六日在哥倫比亞大學舉行，來自全美二十多所大學的六十多名中國留學生和訪問學者參加了會議。美國社會科學研究委員會主席、著名中國歷史專家弗雷德里克·威克曼教授，向大會發來了賀信。紐約市立大學亞洲學系主任唐德剛教授應邀致辭。

會上，代表們就中國文化和歷史、美國歷史、中美關係史、非洲史等廣泛的議題，交流了研究成果和學習體會。

會議選出高峰（耶魯大學）為第一屆留美歷史學會會長，巫鴻（哈佛大學）為副會長，程洪（加州大學洛杉磯分校）、雷強（俄亥俄大學）、孫嘉龍（霍普金斯大學）、賈寧（霍普金斯大學）、高王凌（哥倫比亞大學）為第一屆理事會理事。（[illegible]）

《人民日报（海外版）》、美国《中报》关于中国留美历史学会成立的消息按照罗威廉的说法，十八世纪经世学派包含了众多的内容，其中最主要的是些什么呢？依我所见，主要就是在所谓“户政”名目下的那些。如“垦政”“农政”“粮政”，等等。不但具有当下，也具有跨时代的意义，甚至与二十世纪中国的农业政策导向有着莫大的关联。

例如，在十八世纪最初几年，康熙皇帝首次提出，中国内地已无土地可以开垦，三十年后，他的孙儿乾隆皇帝对此予以重申。有学者不同意他们的说法：中国难道就没有可垦土地了？没错，可垦土地还是有的，一直到现在，新中国成立后的六十多年，都不断有新的土地开垦，但都是“边际土地”，成本越来越高。

在清朝以前，中国历朝历代都靠土地开发，于今靠不大住了，要在土地开垦以外考虑经济发展的办法，这是一个多么具有前瞻性的思想！为此乾隆时总结出一套新的想法，即《周礼》所谓“为天下万世筹赡足之计者，不独以农事为先务，而兼修园圃、虞衡、薮牧之政”。“田里树畜”，应予并重，“何一非资生养赡之术”？

其实，就是一意“督垦”的雍正皇帝，也提出了应当重视多种经营。同时，清廷倡导发展农村工业。这就形成了两条极具可行性的发展道路，并具有跨时代的意义。

不可小觑清代的手工工业，它分布于全国各地，同时，又在江南形成了一个颇具规模的“传统工业区”（1987 年我在美国首次发表……近年能到苏南走一走的人，亦不难做出自己的判断）。它成为清代许多地区发展的榜样。清代末年，正是在这一地区，传统工业实现了向现代机器工业的“华丽转身”（参见荣毅仁、费孝通家族的例子），其间并无什么制度性的障碍。

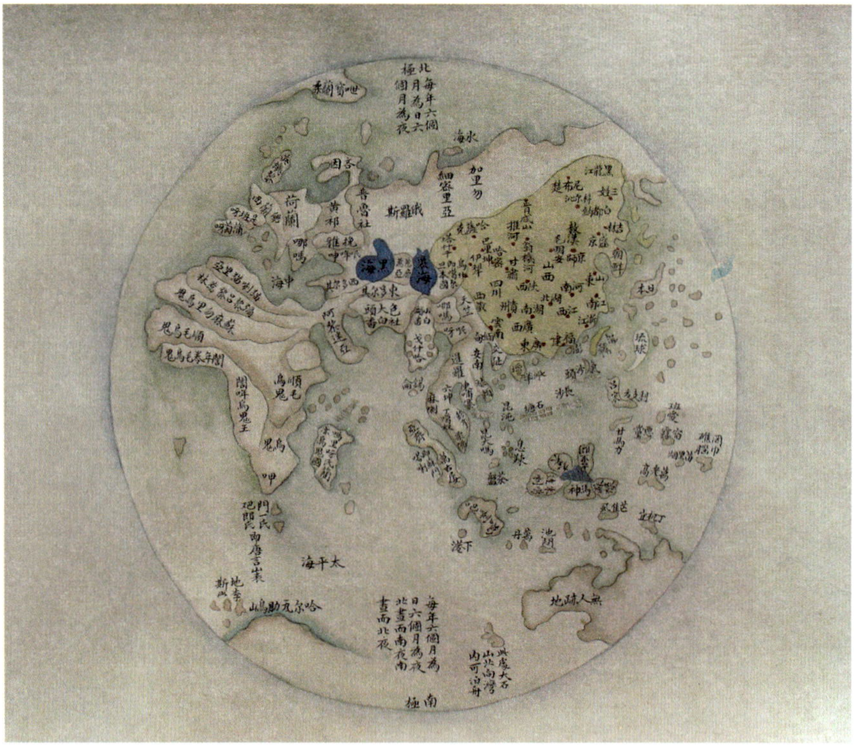

◉ 天下总图

清代乡村工业不但满足了中国占世界三分之一的工业需求，还有大量的产品可供出口，比如蚕丝、茶叶、瓷器，以及突飞猛进的棉花棉布生产。棉花不但成为粮食之外的第二大农业产出，棉布也成为当时最大的工业产品。因此我曾表示，把它视为“棉花革命”也不为过。

这些历史，在二十世纪后半叶又“复活”了，而且经历三十年之久，才走完了这一过程，我们也才重新认识到清人的努力和他的现代价值。

3

清代经世学派讨论过的问题，还有“粮政”和“政府作用”（罗威廉所谓“大政府”）等重大问题。

今人不够重视“粮政”，反而把“荒政”作为了研究的热门。其实，饥荒很少发生，也很少需要朝廷出面处理。看一看那些著名的案例，大多发生在运河沿线，如江苏、山东、直隶等地，其他中南、西南省份，几乎就“视而无睹”，便不难明白（开个玩笑，那里似乎是“大明”而非“大清”的天下）。而“粮政”，则涉及所谓“拯救穷人”这一“清代施政的一个主要任务”。

当然，荒政与粮政多有交叉、重合之处，特别是在仓储上。这也是造成混乱的原因之一。而最重要的，是某些研究者仍与新文化运动一脉相承，意在抹黑中国文化（可谓“诛心之论”，一笑）。

在仓储上，中国历来存在两个倾向，一个是古来的“余一余三”之说（即所谓“三年耕必余一年之食，九年耕必余三年之食”），一个就是后来很多王朝的做法，政府很少插手，几乎放弃了这一领域，而“无作为”，明代就是一个典型的例子。这些在清朝都有所表现。

清朝处处与明人作对，亦颇有与之比对的想法。如对穷人的态度，如对士大夫阶层的做法，等等。这在粮政上有着突出的表现。其主要目标不是救荒，而是济贫，是“勿使一夫失所”，是乾隆皇帝企图“回复三代”，做历史上最好的皇帝的想法及其具体实践。

这就是我特别重视清人努力的原因之一，尽管他最后未能成功。罗威廉也引述了我的意见，视之为“一个理想的追求”。这中间，还涉及政府角色，以及政府干预等一系列的重大问题。这些，都是我们二十世纪“耳熟能详”的故事，也使它带有了一种警示的意义。

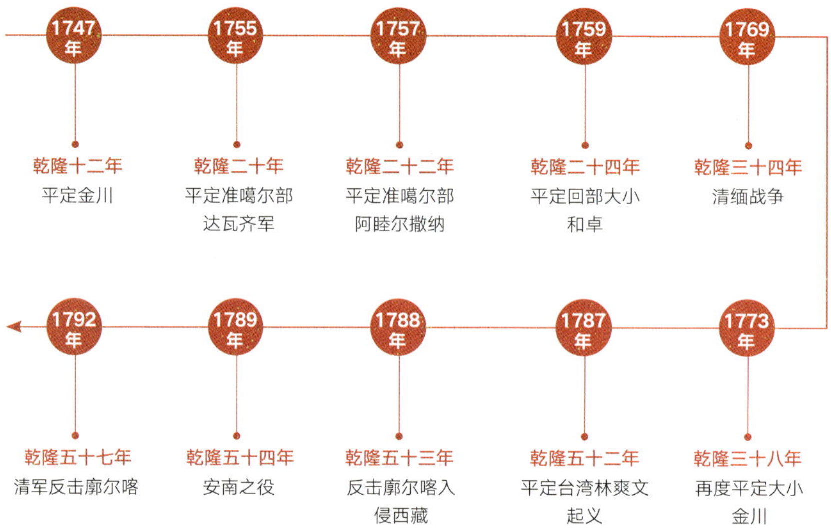

◉ 做历史上最好的皇帝——乾隆“十全武功”简图

经过长时间的研究我才发现，在粮政上，过去以为是“买粮难”（官价打不住），其实还有“存粮难”（损耗巨大），还有，几乎所有的官方数字都不可轻信（皆可以作为“二相世界”的最佳例证）。而且，这些问题也都存在于我们今天。

过去大家以为，乾隆皇帝是一个好高骛远、不谙世情的“小年轻”，通过我弟子的研究及所掌握的档案史料，才发现他早就了解下情（例如有地方大吏提供了来自一位县太爷的报告），是“知其不可而为之”——这构成了一个多有意思的案例！

有人认为，近三百年学术史没有把陈宏谋当回事。我认为，那不过是因为早期的学术史比较重视“理学”“经学”，而非“经世之学”。重视“士大夫”读书之学，而不认为“国务院系统”还有什么实学。这里也有时代的原因，不能徒怨古人。

不过，也有老辈学者如刘师培即曾提出：清初陆世仪讲学苏松间，阙后吴江陆耀、宜兴储大文、武进李兆洛，皆闻世仪之风而兴起者。钱穆也认为陆世仪而非颜元、顾炎武等，才是清代经世学派谱系的第一人。

当然，在我的笔下和罗威廉的笔下，这些故事是不尽相同的。这不奇怪，也许这样才更有意思（有兴趣的读者，可以对比《救世——陈宏谋与十八世纪中国的精英意识》与《乾隆十三年》特别是第二、第三、第四章的目录）。其间一个主要的原因，是罗威廉并非生活在中国，也没有我的那些农村经历。而在我看来，学问并不是读史料、“爬格子”得来的，恰是出自学者的“当身历史”（凡属这样的地方，“同意”不难，“领会”则不易）。

罗威廉也大量的引用了我的著述，全书不下数十处。例如，他提及人口对策，说高王凌有着特别系统的讨论；对所谓“家给人足”，说高的注释非常用心，他很同意这一点，那就是这个经常被提及的习语决不暗示任何自然经济状态下家庭的自给自足；对清朝政府的经济目标，认为高王凌在《十八世纪中国的经济发展和政府政策》和其他著作中对此事的讨论令人信服；高王凌在他的著作中对（乾隆十三年有关粮政的）决策的意义有恰如其分的分析，等等。

当然，我也感觉有一点遗憾，就是罗威廉引用我的文字，大多是在上一个世纪的作品，而没能收录近十年的成果。这使《救世——陈宏谋与十八世纪中国的精英意识》这本书看起来，就似乎“又迟

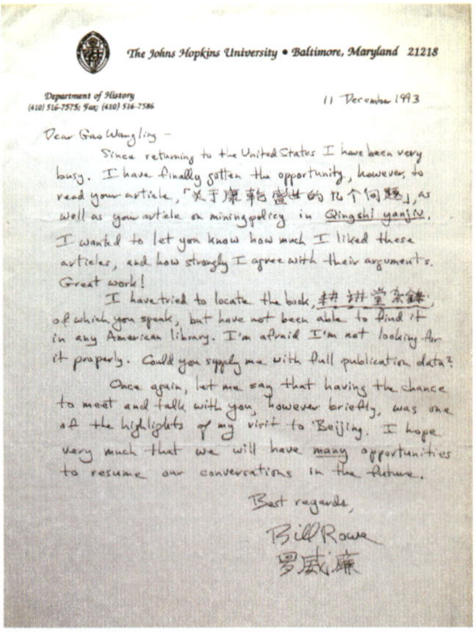

The Johns Hopkins University • Baltimore, Maryland 21218

Department of History
(410) 516-7575; Fax: (410) 516-7586

11 December 1993

Dear Gao Wangling –

Since returning to the United States I have been very busy. I have finally gotten the opportunity, however, to read your article, 「关于康乾盛世的几个问题」, as well as your article on mining policy in Qingshi yanjiu. I wanted to let you know how much I liked these articles, and how strongly I agree with their arguments. Great work!

I have tried to locate the book, 耕耕堂杂录, of which you speak, but have not been able to find it in any American library. I'm afraid I'm not looking for it properly. Could you supply me with full publication data?

Once again, let me say that having the chance to meet and talk with you, however briefly, was one of the highlights of my visit to Beijing. I hope very much that we will have many opportunities to resume our conversations in the future.

Best regards,

Bill Rowe
罗威廉

◉ 罗威廉与高王凌的通信

又早”“既新又旧”。这特别表现在他在“导论”和“结论”中念念不忘的一个问题：为什么这个时候会出现以陈宏谋为代表的一个经世学派？

他想从一些老派的研究中去寻找答案，又不能满意。其实，这问题在我们今天来看就很清楚：因为十八世纪之际中国正在实行“现代化”（虽然没能成功），这任务太艰巨太困难了，它完全超出了当事人的想象，也需要寻求各种各样新的“知识”。这就是我说《救世——陈宏谋与十八世纪中国的精英意识》杀青早了一点的原因，当然，罗威廉的研究开始于三十年前，没有理由再拖下去。

4

说十八世纪中国在“现代化中”，这当然是一个新的“世界史”和“近代史观”。在以前似乎还不多见，现在情况可能已有不少改变，如美国方兴未艾的“新清史”学派，就有重新看待世界史的意图。在最近翻译出版的《乾隆帝》中，美国历史学者欧立德表示，人们普遍认为，十八世纪是一个具有独一无二重要性的时代。而在很多方面，中国的十八世纪都和欧洲的十八世纪颇为相似。他还发明了一个专门用语，叫作“漫长的十八世纪”。

学者张明扬在一篇书评中指出：在当下的中国知识界和公共舆论中，“敢于”站出来公开为乾隆辩护，将乾隆作为一个正面人物来叙述的，绝对是异类中的异类……我视野中仅见的一次挑战是高王凌先生那本号称重写乾隆史的《乾隆十三年》……在新出版的《乾隆帝》一书中，欧立德也成了这样一位挑战者和辩护人。欧立德认为，乾隆帝是“在世界历史进程中发挥过重要作用的人物”，在英文版序言中，他也提及十八世纪的“共时性”现象。并认为乾隆帝是现代中国之父（“近代中国的第一个统治者”，结论）。

这种新的现代史观，使我们对中国历史不再感到那么悲观。好像十九世纪、二十世纪，一路下来，悲惨无比。其实，这也是新文化运动以来的观点（罗威廉也批评了五四以来反传统的偏见）。我想，如果能够拥有足够长的眼光（比如长到九十年以后，到二十一世纪），就会发现事实并不是这样。

当然，在许多读者眼中，乾隆六十年的统治难道不是一个失败，不是直接导致了白莲教大起义，和十九世纪的黑暗吗？它哪里能与同时代的英国和法国相比？

我看倒是未必，现在不是很多人都在反思法国大革命？在一本名为《思考法国大革命》的著作中，作者傅勒就写道，革命不是反专制的，而是长期以来政府中央集权的继续，它圆满完成了君主政体的事业。当时被看作“专制的”东西，其实是行政君主制本身的进步。正如托克维尔所说，革命远非是一种中断，实际上只是完成了法兰西诸王开始的中央集权化官僚国家而已。而且，无论法国大革命带来了什么，它却犯下了“弑君”的大罪（中国没有），还成了

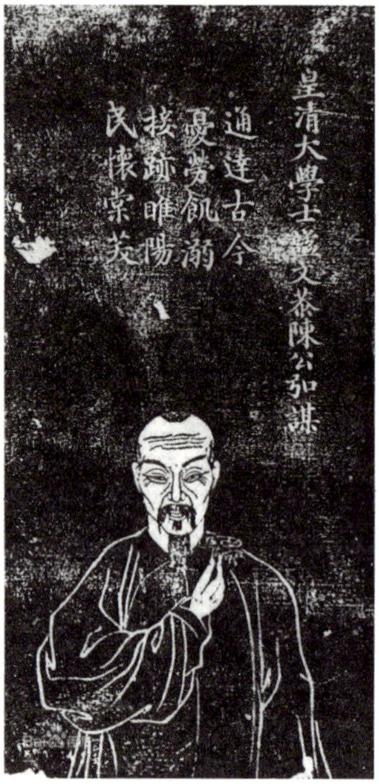

陈宏谋石刻像

当代极权主义的母体。

王笛认为，罗威廉把他的研究还引向了一个更为广阔的视野，即放到当时世界这个大环境中，特别是与早期近代的欧洲相比较。他认为，陈宏谋关于人和社会认识的基本点，与启蒙时期的许多欧洲学者十分相似，他所涉及的几乎所有主要方面，也是当时欧洲社会文化发展所面临的问题。

陈宏谋把所有权作为经济的基础同时又明确支持“市场原则”，使他非常接近十八世纪法国的重农学派。在政治领域，陈非常强调行政的标准化、沟通和提高效率，这正是早期近代欧洲也在逐渐形成的观念。集权的经济控制、自由主义和个人主义都是早期近代欧洲精英意识发展的重要成果，这种发展并非欧洲的专利（也可以说，这与我的“十八世纪中国现代化”说，只有一步之遥了）。

王笛进一步说，如果罗威廉的主要观点成立的话，那么从五四新文化运动以来中国知识分子对中国文化问题的反思、对落后原因的文化探索、对自己思想文化“病灶”的批判等，都需要重新认识。显然，中国历史学家很有必要回应罗威廉的这本新著作，而且交锋也是在所难免。这就是我所说的“立脚点”问题。

如果呼应前文，说“研究中国应该有一个好的切入点”，那么十八世纪就是这样一个切入点，陈宏谋就是这样一个标杆性人物，藉此，我们可以把近几百年历史更好地贯通起来。

任何学者都可以自由地选择他的“切入点”，在我的际遇里，是个人的“幸运”，还是“客观的必然”呢？这恐怕就很难回答了……

5

近几年来，我曾在不同场合多次谈到十八世纪中国的“现代化”问题（或曰“处于其中”而“未曾完成”的现代化），从《史林》，到小书《乾隆十三年》，到《中华读书报》。我还在清华大学做了一次演讲（“我的学术立脚点和切入点”），然后就是天则了（“我的现代史观的前因后果”）。在清华听众虽然不多，但也来了三四所大学里相识不相识的一些朋友。在课堂提问中，大家提了一些很好的问题。其中之一，就是十八世纪中国现代化中的“经济因素”和“政治因素”。这是从来没有讨论过的，值得认真思考。

于是我又一次感到“教学相长”的道理。有一位教育学院的同学，听了录音后来信说：“讲心得，助学生，不禁锢，做朋友，被敬重，高老师，您都做到了……”就在跟同学去吃饭的路上，我意识到，应该专门写写这个问题了。

我们还是先谈谈所谓“经济方面”。按照过去主流的看法，这就要从“经济基础”，从“生产力”，以及“生产关系”说起。可惜，中国自明清以来，就没有多少“先进的生产力”，即所谓（蒸汽动力带动的）“机器工业”。后者呢，众多的学者一直在不计其数的明清史料中寻找具有一定规模的生产组织，如“手工工场”，或者能称得上“资本主义萌芽”的东西。可惜，也不能如愿。

这些都可以视为一种“下层”的视角（这句话也可以视为我的发明）。我总算是经济史出身，所以对这套还有一点了解（一笑）。但是，我们现在终于发现了不同的观点，在《从自由到垄断——中国货币经纪两千年》一书中，作者从经济运行的最高层次货币金融入手，与低层生产组织的研究取向形成了鲜明的对比。他认为，中国在历史上设计了一套良好的货币制度，然后就让民间各尽所能，自由运营，遂出现经济高水平的不断增长（两位数以上的增长并不少见）。在这之前，德国学者弗兰克的《白银资本》，已经不再把生产方式当作最重要的问题，而看重于国与国之间的国际贸易。这些，都可以视为“上层”的视角，与以前的那些大相径庭。总之，我们现在面对的问题，就不但是一个怎么看待现代化的问题，也是一个怎样重新书写世界史的问题。这也表明，一切都与交换有关，中国经济早已不是什么“封建经济”，亦非“自给自足”的“自然经济”——它是一种“人为经济”，其发展高度也不是“精耕细作”几个字所能概括的。

经济史研究中有关的例证就不多举了，我想，无论是老一点的学派，还是新一点的（如所谓“加州学派”），都还没有脱出这一窠臼。

现在让我们再来讨论“政治方面”的问题。在这方面，中国历史更是黑暗，甚至可以说黑暗得不得了。首先，就是所谓“专制主义”的问题。多少学者迷醉于其中，多少人至今醒悟不了，积习难改。

在一次讨论小书《乾隆十三年》的研讨会上，有学者提出：“如果说中国经济上没有所谓的强制行为，政治上没有专制，那我们这个中国现代化还要搞什么呢？”可是在我看来，仅仅用这些观点，或者从黄仁宇所说二十世纪中国上、中、下“三层重建”的角度点来看，清朝做得再“好”，也是“无济于事”的。中国革命有其深刻的原因，并不仅是表面上看来的一些。

对此，我的“诛心之论”是：所谓“专制”云云，从某种角度看来，不过是历史上某些人给中国传统扣上的一顶大帽子，目的即要你自始就抬不起头来，与西方政治不能站在一个“对等地位”，如此而已。

最近，《叫魂》的作者哈佛大学的孔飞力又出版了他的一部大作《中国现代国家的起源》。译者认为，孔飞力作为中国现代历史进程“内在导向”的主要倡导者之一，提出了“现代性有着多种形式的存在”“不同的国家是可以通过不同的方式走向现代的”；比之来自外部世界的影响，植根于本土环境及相应知识资源的“内部动力”要带有更为根本的性质。

何为“现代国家”？它在中国又是如何形成的？这是孔飞力在书中着重讨论的中心问题，并以“政治参与”“政治竞争”“政治控制”为主轴，构成其三方面的基本问题。孔飞力一生著述不多，据说篇篇都是名著，而这更成为他最重要的一本（参见陈兼、陈之宏“译者导言”）。

可是，孔飞力在他的新作中，俨然提出当日中国仍然缺少“宪政”“民主”的“代议制度”。这就很值得商榷了（中译者将“宪政”一词译作了“根本性议程”，这多少模糊了问题所在）。

所以，如同在经济领域放弃所谓生产力、生产关系的“下层视角”，在政治领域，我们也许应该扬弃所谓“宪政”或类似的“民主观点”。特别是在十八世纪、十九世纪的历史里，这些可能都“无所措手足”。比如在俄罗斯或是日本的现代化中，这些因素可以说是“若有若无”。

对《中国现代国家的起源》，译者拿它与魏斐德等人的著作做了对比，在我看来，更为近似的研究当推罗威廉的著作。我为什么看重《救世——陈宏谋与十八世纪中国的精英意识》，为什么“厚此薄彼”呢？其中一个原因，就是我与罗威廉的切入点，都是十八世纪，而孔飞力主要是十九世纪。

在罗威廉的弟子王笛看来，罗威廉把他的研究引向了一个广阔的视野，即与早期近代的欧洲相比较。他认为，陈宏谋所涉及的几乎所有主要方面，也是当时欧洲社会文化发展所面临的问题。在政治领域，他非常强调行政的标准化、沟通和提高效率，这正是早期近代欧洲也在逐渐形成的观念。集权的经济控制、自由主义和个人主义都是早期近代欧洲精英意识发展的重要成果。因此，陈宏谋使人联想到空前强大的近代早期欧洲国家在形成过程中所做的类似努力。

为什么说十八世纪中国处在“现代化中”呢？对此我曾借鉴了一些西方学者的“理论”，首先是法国学者年鉴派大家布罗代尔。他提出，当时世界上存在几个罕见的“共时现象”：第一，表现于人口增长（我们现在发现，不应把它视为纯粹的社会现象）；第二，表现在无论中国还是欧洲，都在“加强政府”（这明显的是一个政治因素）。而在我看来，当日中国在这一方面的努力，较欧洲更是不遑多让。可惜的是，当时西方的做法，都被认为是现代化的表现，而中国，对不起，依然被认为是“封建专制”。

另一个方面，我们还可以借助美国社会学大腕斯科特，特别是他的《国家的视角》。过去，我对这点强调得不够（特别是在《乾隆三部曲·乾隆十三年》中）。在一次采访中我曾经说，《国家的视角》这本书表面上来看，好像是从二十世纪说起，说强大的国家干了多少愚蠢的工程。其实真正的用意，是讲二十世纪以前的两百年，世界历史就开始出现了这个苗头，是一段大历史，一种历史观。我也通过在美国的弟子，帮我印证了他的这个想法。

这在清代十八世纪，表现为政府大规模投资，兴建各种工程。第一个有名的是修运河，到乾隆时，加上治理淮河。有一个省级官员就修治了黄淮十几条支流。还有，治理直隶的永定河，浙江的海塘，金沙江通川水道；以及修建承德，修建圆明园，在全国各地重修城墙；各地修筑粮库，搞大仓储（在外国学者研究中，中国的粮食仓储，当时欧洲连想都不敢想）。这些行为，只有二十世纪的中国可以与之一比。还有应该强调的，是画地图，或可称为“现代民族国家的建设”，中国也曾一度领先。

我曾写过一篇文章《十八世纪，二十世纪的先声》。就说二十世纪我们中国无数的事在十八世纪都有了，比如说解放贱民，取消人头税，甚至清政府曾经想搞土地制度的变革（实行均田制或井田制），以及减收田租……

此外，中国在二十世纪的“大政府”现象，其趋向的一起一落，也与十八世纪“若合符节”，岂不可以说他是带有“现代性”吗？其实，我们利用所谓“政府”这一条线索，即可解释大段的历史。换句话说，中国今日经济上的成就，用技术的角度来看（黄仁宇语），并没有远离清代——依然是特别依赖政府。

所以，我只是借助国外的“理论”，并非一切都从外国而来。比如说对经济政策的研究，从人口问题的发现，到土地开垦政策的改变，全面发展政策的提出，粮政的展开……这些历史，在二十世纪后半叶又“复活”了，我们也才重新认识到清人的努力和现代价值。这些都与我的“当身经历”有关，如插队生活，对农村改革的关注，等等。而不是“爬格子”就能得出的，若身处外国，没有这些经历，就不可能悟到。

关于“学术立脚点和切入点”，也许我还应该多说几句：所谓“立脚点”（立场），是指研究主体所站之地位，“切入点”是指其研究之对象。我选择的切入点是十八世纪，这是人人可以不同的。但是立脚点就不是这样，而绝大多数学者都是构筑在“新文化运动”之上的。也可以说是站在一百年前的立场上来看中国，那当然就很黑暗了。自上世纪初以来中国即面临着日本和俄国两大外敌的侵略，灾难不断……可是一百年过去了，尽管面对了那么大的似乎难以克服的绵绵不绝的困难，中国岂不是已经实现了“现代化”，尽管还有许多问题需要解决?

这种新的现代史观，使我们对中国历史不再感到那么悲观。好像十九世纪、二十世纪，一路下来，没有止境。我想，如果能够拥有足够长的眼光（比如长到九十年以后，到二十一世纪），就可能眼前一亮。换句话说，“切入点”各位可以自由选择，但如果能放在十八世纪，如我与许多美国同行那样（如史景迁、罗威廉、费维恺等），如果，再有一个好的“立脚点”，能够把它与今天贯通，就会发现事实并不是这样。

近百年以来，时代的主流到底是什么？黄仁宇主张，阅读历史需要一种积极态度；钱穆以为，它不应该视为“救亡与谋生”。古云：魔高一尺，道高一丈。又云：有正就有反，有善就有恶。我们不能只看其一面。如此说来，中国现代历史的“正面”是什么，“反面”又是什么？对此我们也许都应该有一个新的态度。

一代有一代之史，这也就是我想献给大家的一点想法。也是我的所谓新现代史观的“前因后果”。

高王凌与费维恺夫妇的合影

玖

高王凌、秦晖、马国川、金雁对话录

1. 十八世纪中国已开始现代化？

高王凌：有这么多不相识的朋友，冒着可能的大雨前来，我很感动。关于《乾隆十三年》，表面上看是一个清史的专门的书，但是我跟几位朋友都说，读这本书也许不需要清史的准备，而只要有当代的头脑就够了，因为它实在是一部当代的对话。我在书的一开始就说，这本书的写法是尽量多地给出原文，像吕思勉先生所说《史记》的写法那样。我希望大家能有一个自己的判断，对于它引起很多的争议，我也有一个态度，就是不妨把它们都并列在那里，不要非得只说一家之言，我甚至说“时代的意见（就是当代的意见），不妨多多益善”。其中可能争论最大的问题就是我说十八世纪中国已经融入世界，中国已经开始现代化。有一个书评，批评我这一点。他说作为专制王朝的封建统治者，他搞了一点现代化，能行吗？我觉得这个问题很大，当然我也在私下里给他回信说，那德国呢？日本呢？一个是纳粹，一个是军国主义，它们做的那些事儿你怎么说呢？所以我们还是回到黄仁宇，从一个技术的层面来看待这个问题，你要是一下子扯得太那个什么了，那我们没有办法展开讨论，就像黄仁宇说的，那就进入了道德的层面，咱们就别争了。

十八世纪这个问题，使我想起法国年鉴学派的一个巨匠，叫作布罗代尔。他说世界在十八世纪出现了罕见的共时现象，在世界历史上很少见。第一个共时现象就是人口的增加。从十八世纪中叶（中国稍微早一点），人口就开始增加，以前的人口都是一上一下地跳，后来基本上就不再剧烈地起伏。在这之前我没有想到过，现在我忽然想起来，这不是一个纯自然现象，它是社会现象，实际上从这个角度来说和政府的政策、作为也都是有一定的关系。中国这个时候就和二十世纪的人口增长完全联系起来了，这是我们说的第一个问题。

第二个问题就是加强了政府。布罗代尔认为欧洲在十八世纪就已经开始了，那我的反问就是，欧洲人就是面对人口增加的一个现代反应？而我们就是一个古代行为？我觉得这样不太公平……

2. 秦晖：我们的历史观应该反省

秦晖：我是一直从王凌兄的著作中得到很多启迪，他的每一本著作应该说都能够发人深省。这本书当然也不例外，我觉得其实和他以前的几本书也是一脉相承的，比如说要破除以前关于中国封建社会理论的套话，一个就是什么地主阶级如何如何，土地集中等。第二个就是专制主义。还有一个是什么？

高王凌：人口众多。

秦晖：对，人口压力，其实前两个好像主要是中国人在说，人口众多好像主要是西方人，尤其是黄宗智他们说的更多。

秦晖：仔细分析起来，对王凌兄这几个结论，我觉得首先就是说，我们对以往中国历史的很多认识的确是需要破除的。虽然我们对清代经济发展的水平可能有不同的估计，但是那个时代的经济和全球的联系比我们想象的要密切得多，这是显而易见的。因为中国是一个不产白银的国家，在明清两代一直以白银作为主要通货，如果不从和世界的联系着眼，这是根本不可能设想的。因为中国几乎所有的白银，早期是从日本，后来大头都是从美洲来的。还有一个，就是新大陆作物在中国的普及和推广其实是相当快，从某种意义上来讲很难设想，就在清末，像凉山那种非常落后的地方都已经普及了土豆、玉米这一类的东西。所以我觉得经济交往和经济全球化的确是比我们以前想象的要更大。

秦晖：当然我跟王凌兄可能还是有些分歧，比如说他要破"专制主义"这个说法，我觉得这个好像是很难说，尽管我们很多人都可以对清代的国家政策，或者说清代帝王的作为给予比较高的评价，但是我们讲他专制不专制，其实主要指的是一种体制，这和具体的政策和帝王的作为并没有直接的关系，因为专制条件下也可能有圣明君主，也可能有比较好的政策，这个其实都不矛盾的。而且，我觉得所谓的专制也不是说皇帝想要做什么就做什么……

但是不管怎么说，对中国的历史，乃至对世界的历史，我觉得我们的确应该有一个新的角度、新的眼光，王凌兄这本书和他以前的著作一样，都给我们带来了很大的启示。

高王凌：我插两句，在现代化方面，我们现在有一个很大的问题，我们对“现代化”这个词有一点神乎其神了。我们现在对现代化的解释视角跟以前有变化，最近有一个朋友朱嘉明发表了一本书《从自由到垄断》，讲中国两千年的货币史，他的这本书就和我们以前很不一样，他是从一个经济运行的最高层，金融货币的角度来解释经济历史，解释历史。我们过去是从一个低层，从生产技术、生产关系的角度来解释经济历史，这样就形成一个很大的对比。这样我们看来，从弗兰克的《白银资本》开始，它就已经不是用生产力生产关系的角度来看世界史，是从国家间的关系、外贸的情况来看历史的。总之，我们现在面对的问题，就是一个怎么看待现代化的问题，也是一个怎么样的重新写作世界史的问题。

3. 马国川：这套书有意识地把历史问题与现实打通

马国川：我这两天认真地拜读了高老师这本书，我和高老师认识有几年了，最早大概是 2007 年、2008 年我去采访高老师。因为我是个记者，那个采访很不成功，因为我觉得高老师说了一些奇谈怪论，让我自己感觉不能接受。后来几次和高老师也有一些接触，这次这本书拿来之后我就认真看了看，发现还有那些东西，但我好像有一点点理解了，这本书给了我比较大的一些震撼。

我说震撼是指什么呢，我发现历史这个东西，今天很多人觉得很了不起的东西，其实那个时代就已经考虑到了。比方说我看高老师书里面引的一句话，还不是乾隆，是乾隆他爷爷康熙，他的上谕里面就说不以民食为本，民食在这儿，指的就是种粮食。新中国成立初期讲的以粮为纲，二十世纪八十年代农村改革以后，就不搞以粮为纲了，搞多种经营了。也就是说那个时候乾隆的爷爷就认识到这样的问题，而中国经过那么大的转折之后，到了二十世纪八十年代才知道不能光种粮食，还得要搞多种经营，已经两百多年、三百年过去了，这是我的最大的一个感受。

另外，我觉得高老师这本书它有很强烈的现实意识，这和高老师的身世有关系。我发现高老师有时候有意识掩盖自己这段历史，我在这儿披露一下。二十世纪七十年代后期、八十年代初，在中国经济体制改革中有一个非常有影响的组织，叫中国农村发展问题研究组，简称叫发展组。发展组对于中国农村改革发挥了非常重要的作用，高老师就是那个组里面的重要成员。

所以说我看这本书感觉到它有非常强烈的现实意识，高老师有意识地把历史问题和现实打通，所以说对于乾隆的很多措施，我觉得读的时候都感觉好像他在描述中国八十年代农村体制改革的那个场景，感觉到很吃惊，也感觉到他用心良苦。

4. 金雁：（这套书）意在打通和展宽历史

金雁：王凌兄的作品我是比较熟悉的。他以前这些书基本上可以说到我们家有的时候秦晖都还没看，我都先拿出来翻。其实对王凌兄的这些观点呢，我有的认同，当然有的也不认同，但是有一点我跟他是有共鸣的，我觉得王凌兄他是治两头，他一个是研究当代，另外一个他也研究（古代）历史。这样他就有一个大视野。

我也是学历史出身，后来也研究俄罗斯当代问题。我们有几次开会就和一些研究情报的人在一起，他们就说你们研究历史的人，怎么提的问题或者你们的见解总跟我们不太一样。我说你们贴得太近，你们没有一个大视野，你们没有一个立体观，所以你们总陷入头疼医头、脚疼医脚的境地。如果你们有一个长的坐标再有一个世界视野的话，这样你把中国搁进去，中国在什么位置上，这个坐标定了以后，它一下就能够脱颖而出，你看问题的角度也会不一样。

我觉得王凌兄这种历史透视观，正好给他看当代的议题提供了一把钥匙，这一点我是非常认同的。

我看俄国的历史，以前我们都是讲农奴主如何剥削农奴，但是我接触到大量俄文的原文材料就发现，的确农奴的劳动强度有很高的时候，一周达到五至六天，但是俄国的无霜期只有五个月，它的高强度劳动一年不超过三个月，所以一星期劳动五天、六天的情况不超过两个月，俄国一年的宗教假期和各种假期加起来有二百八十多天，所以整体上来说是非常闲的。可是我们以前因为有先入为主的观念，就会觉得俄国的农奴非常悲惨。后来我看了王凌兄谈中国的问题，一下就觉得有这种相通的感觉。

还有一点，我觉得王凌兄的这种方法对我们现在的年轻人来说是非常可取的，视野大，然后又从史料做起，我把这个观念摆给你，让你来做判断，我觉得这种方法是非常可取的。

5. 与黄仁宇比较，各有千秋

高王凌：黄仁宇是我的老朋友，在他生命最后十几年的时间，我们来往颇多，在美国的时候我们也见过几次面。我很喜欢他，他的书在中国可能卖到上百万册，那个时候我被称为“保黄派”。前天还有人问，你这书是不是根据《万历十五年》来写的？其实把这本书写成《乾隆十三年》是最近的事儿。跟黄仁宇也不尽相同，他写万历十五年是把好多的人用这一年展开。我写的是乾隆十三年的事儿，从雍正十三年到乾隆十三年，乾隆头十三年我划了一个阶段，这不一样。

我觉得黄仁宇的那种写法我是学不了的。当然我有一点和黄仁宇有点相像，黄仁宇是一辈子当兵的经验，我是一辈子插队、拿锄把的经验，年轻时候以来的东西差不多都写到这个历史研究里去了，都在生命里发挥着作用。黄仁宇有一些很有思想的东西，我想我们今后还离不开他。

我说一个极端的话不知道对不对。黄仁宇回答的、脑子里面想的是中国怎么失败，万历十五年这一年，中国的失败的总记录。虽然我也想给我的书加一个副标题“1748 年，一个失败的记录”，但是我现在想，实际上我在这本书里主要写的是当时中国的“成功”，我还是要正面地来把乾隆做的这些事儿给一个解释，包括专制主义（封建主义我们早就砸了），给一个解释，我想这是时代很大的不同。

秦晖：很简单就一句话，其实我倒觉得王凌兄的水平要比黄仁宇的水平要高，黄仁宇当然也很伟大，不过他有一些最基本的观点什么数字化之类的，其实我是不太赞同的。

当然王凌兄也有一些观点我也不太赞同，不过我觉得他就史料的基础而言，可能和黄仁宇的水平应该说是差不多的，我觉得也应该超过了，毕竟时代是在发展的嘛，就像你们将来这些年轻人肯定会超过我们，是一样的道理。

马国川：《万历十五年》我也看过两三次，看完这本书之后感觉最大的不同就是黄仁宇他是很有感情地写那段历史，就像梁启超作文章笔端常带感情。《万历十五年》很能感受到他这种强烈的、这种抑制不住的要表达一种感情，我就有那种感触。但是高老师这本书读下来就觉得冷冰冰的，觉得有很多东西不能接受，但是想想也觉得难怪，因为毕竟是清史学家嘛，高老师最早给我的印象也是冷冰冰的，拒人以千里之外的那么一个感觉，但是后来接触下来非常亲切，这是最大的不同。我觉得《乾隆十三年》这样一种写法，非常客观地把一个事实摆在那儿，让读者自己去判断，这种写法可能更符合一个历史学家的职责。

当然它不好的地方是，对于我这样的不是学历史的人来说，感觉它很重，自己去判断去研究一些问题，就觉得有点难读，但是读起来确实是有很多出乎我意料的地方。

金雁：我跟马国川有一点点同感，原来我是那么想的，我们也不用读什么其他的，就读高王凌就可以，但是现在他好像把问题摆在那儿，让我自个儿去做判断。原本拿到书以后我认为比较好读，就把它摆在枕头边上看，然后我看着、看着觉得不行，太累，还得坐起来看，我看《万历十五年》没有这样的感觉。

秦晖：其实这个倒是黄仁宇这个著作一个非常大的长处，就是它的可读性非常高。他的书作为历史书能卖得那么好，我觉得大概也是一般学者都达不到的。不过他到底提出了什么比较振聋发聩的观点，还真的不太想得起来，包括那个数字化管理，我其实也不太认同。所以我觉得，应该说是各有所长吧。

高王凌：我的想法呢，我是因为这几年读了几个民国年间的思想家的书，钱穆、吕思勉，他们好像都说到，传统史书，就是言不尽意，话不说透的。现代话就都是白开水口号，白开水口号是我挖苦别人的话，不太合适，就是把什么话、把结论、把一个东西都嚼碎了然后塞到你嘴里去，把结论都给出来。这是现代社会搞宣传的这么一个国家主义的要求之下的一个状况，好像想反其道而行之，就不合时宜吧。

中俄尼布楚条约待议地区
外兴安岭
库页岛
西伯利亚
唐努乌梁海
巴勒喀什池
巴尔喀什湖
黑龙江
齐齐哈尔
乌里雅苏台
吉林
伊犁
霍城南
奉天
（盛京）沈阳
葱岭
京师
北京
渤海
保定
黄河
太原
济南
东海
黄海
大洋
西宁
兰州
开封
清
西安
江宁
南京
太
喜马拉雅山
成都
大江
武昌
武汉
安庆
杭州
南大洋
东大洋
海
喇萨
拉萨
南昌
赤尾屿
长沙
钓鱼台
钓鱼岛
福州
贵阳
云南
昆明
桂林
广州
台湾岛
平
香港仔
澳门
东沙
东沙群岛
七洲洋
南
海南岛
万里长沙
西沙群岛
黄岩岛
中沙群岛
洋
南海
千里石塘
南沙群岛
曾母暗沙
都城
省级驻所
清朝疆域（1820年）界
清今国界
未定界

清朝疆域（1820年）

附　录

乾隆三部曲出版大事记

◎ 2012—2013 年，“乾隆三部曲”，特别是《乾隆十三年》的出版，引起了相当大的反响。她从封面到内里都很漂亮，给人耳目一新的感觉。为此我还要特别感谢出版社的几位素不相识的朋友。

乾隆朝历史久长，所以不能不作分段的研究。本书所述即是第一个阶段，即乾隆朝前十三年的历史。当时朝廷如何感受若干现代问题（如人口日增），提出跨时代有创意的发展政策（与二十世纪八十年代的农村改革一脉相承），如何做出有如西方式的“现代反应”（如加强政府），以及打算“回复三代”（做中国历史上最好的皇帝）……都是本书的重要内容。但不如意事常十之八九，尤其是乾隆初年曾有预言“十三年必有拂意之事”，果然这一年就发生了许多不尽如人意之事，从家庭到朝廷，从财政到经济，从政治到战争，也连带引发了政策的全面“收敛”，好像许多事都做错了，俨然成了一个失败的纪录。检讨这些，也是本书的内容之一。可以说，它为大家展示了一个鲜为人知的乾隆……

◎《乾隆十三年》获得好评

• 2012 年度“百道选书”之总榜 Top100——百道网 http://t.cn/zjaEOM5

《乾隆十三年》荣誉入榜

总榜第 52 名，人文类第 19 名。

• 2012 中华读书报年度图书之 100 佳

57.《乾隆十三年》，高王凌著，经济科学出版社 2012 年 6 月第一版：

这本书很容易让人联想起黄仁宇的《万历十五年》，不但书名相似，而且问题意识也接近，即都关注中国现代化转型问题。黄仁宇强调中国古代未能发展出现代性，高王凌却认为乾隆年间现代化业已发生。书中指出，乾隆年间中国和西方一样发生了人口增长、政府职权扩大等现象，作者认为是现代化的先声。也许该书结论还可以商榷，但其对乾隆形象的重绘、对现代化问题的重新思考都给人以启发。

• 2012 年榜单之外的好书

《东方早报》2013.01.27，称：

各类榜单之外，我们试图邀请各个领域中的“专业读者”，与读者分享他们阅读视野中去年那些被榜单错过、被大众忽略的好书，希望给阅读带来多一种可能性，尤其是那些淹没于市场规则与推手掌下的好书：

阅读过程本身是一种思想历练

社科领域：华东理工大学、研究农业经济学的曹东勃推荐了三本与农业相关的书：《乾隆十三年》《大工地》和《我在美国当农民》。“《乾隆十三年》的作者高王凌先生是一个善于借古喻今的学者。读他的书，总有一种在不同时代之间穿越、相看两不厌的阅读快感。对于中国改革特别是农村改革政策的强烈问题意识总是在其著述中跃然纸上，这恐怕与其亲历二十世纪八十年代的改革政策研究与实践过程有关。在这本书中，他对乾隆朝的前十三年作了一个剖面分析，从经济、政治、文化三重维度加以界说。让我们看到一个旧帝国试图摸索自己的现代化（近代化）道路的一次重要尝试及其急转直下以致功败垂成的过程。”（下略）

◎读了我的《乾隆十三年》后，不止一个人说好读了，这真的让我喜出望外。我真的希望这是一本好读的书，能够回答我们时代，回答我们心里关心的那些问题。现在《炎黄春秋》吴思先生说好读，《读书》杂志贾宝兰先生也说好读。她赞成我这样，大量引文。

后来我在凤凰视频的发言，一开始就清楚地交代说，我是大量引用了原文，同时也保留了多种不同的说法，包括多种“现代意见”和“历史意见”。读了吕思勉以后，我们知道，实际上，过去的史书如《史记》等，都是这样写的。

◎哥大同学、台大社会学系教授孙中兴来信说：

想想跟您相识至今也快卅年，从来没有感觉对您的想法和经历有这么清楚地认识。除了佩服还是佩服，先是您对材料的掌握娴熟，再来是您胆敢在这些基础上“标新立异”。这种“虽千万人吾往矣”的浩然之气更是少见，让我联想到司马迁的“志”：“究天人之际，通古今之变，成一家之言”，在您书中可见一斑。我认为您老兄的特别之处在于，虽然研究历史却有深刻的当下经验，这和埋首史料的历史学家不同。又能笃守善道，让我佩服（他还说，老高你是不是要拍电视剧了？）……

◎《乾隆十三年》与《万历十五年》的比较。

有读者说，你的《乾隆十三年》比得了黄仁宇的《万历十五年》吗？乾隆朝比得上万历朝吗？我觉得，乾隆朝并不一定比万历朝差，但是拿我的书和《万历十五年》比，我觉得不敢当。

也有不同的说法。比如一位弟子的同事说,《乾隆十三年》好读。好像《万历十五年》反倒难读，有些概念比较“晦涩”，不那么好把握似的。这是我没有想到的。

黄仁宇是我的老朋友，我总是觉得我们的心是相通的。不过我们毕竟是两代人，隔了一个时代了。所以一天，我忽然想到，能否说黄仁宇想证明的，仍然是“中国为什么失败”？

看来黄仁宁回答的，脑子里面想的，是中国怎么失败，万历十五年，中国的失败的总记录。虽然我也曾想给我的书加一个副标题“1748 年，一个失败的记录”，但是我现在想，实际上我在这本书里主要写的是当时中国的“成功”，我还是要正面地来把乾隆帝做的这些事儿给一个解释，包括专制主义，我想这是时代很大的不同。

◎ 10月，在文津街国家图书馆（古籍馆临琼楼）讲乾隆研究（演讲题目为《不一般的乾隆，不一般的十八世纪》，本书已全文收录）。

《乾隆十三年》出版以来，我已经在几个地方讨论过它。每一次体会都不一样，有新的感受。这一次，主要就是如何面对中国历史上的那一段“黑暗年月”。所以我写了博客《跳出这二百年的悲伤史观》，希望大家跳出旧的窠臼，把近三百年历史打通了看。从十八世纪，一直看到二十一世纪，不再把它一段段割裂，也不是只看其中一个段落。更不必把所有的罪责都推给祖宗，我们要担起自己应负的历史责任。如果这样，就可能保有一个好的心态。这，就是我的“乾隆三部曲”中一个很重要的意思。也是我的预拟讲演的重要内容之一。

◎张明扬：“乾隆的辩护书”。

在当下的中国知识界和公共舆论中，“敢于”站出来公开为乾隆辩护，将乾隆作为一个正面人物来叙述的，绝对是异类中的异类……我视野中仅见的一次挑战是高王凌先生那本号称重写乾隆史的《乾隆十三年》，尽管高先生在剖析乾隆是否是一个专制帝王上颇有新见，但笔触仍然是谨慎和克制的。

孔飞力先生在经典著作《叫魂》之中，就以“叫魂案”为例，指出清代皇权并非真正意义上的独裁，皇权与官僚制度存在不稳定的依存关系，皇权必须随时提防来自官僚制度的惰性威胁。而以上提到的高王凌先生在《乾隆十三年》中也提出了相似的概念“反行为”，认为清代官僚对于皇权只是在表面服从的前提之下，在暗地里却干着只可意会不可言传的猫腻行为，从而将皇帝的意志“反过来”。很显然，如果孔飞力和高王凌的论点成立的话，欧立德先生所持的乾隆无力阻止官僚扩大化文字狱的说法至少是可以商榷的。

◎《马上朝廷》出版。

《中国民族报》(2013.02.01)刊载署名纳兰的文字说：

《马上朝廷》，是清史研究专家高王凌教授推出的“乾隆三部曲”系列清史著述之一，讲述了清朝乾隆帝六次南巡始末，以及南巡途中发生的诸多事件，故事场面大，人物多，案情复杂，关系紧凑，让人捧读起来更像读故事般有趣。

◎在天则研究所的“书品”节目中，我主讲了小书《乾隆十三年》，评议人韩军说：

我很高兴有这个机会做一次评议人。刚才讲到高王凌(关于“乾隆三部曲”的)三次比较重要的学术活动我都参加了。这本书他送给我后，还没有看完，就得抓紧时间，一周之内看了三遍不止。这一看看出一个博大精深来。我觉得他是得了现在的天时。这个话怎么说呢？最近有一部美国电影《星际穿越》，讲现在有一个宇宙折叠，像一张纸一叠，两个很远的距离就接近了，然后有一个虫洞，一下子就打通了，就进去了。所以，我说高王凌可谓高人，他是属于能找到虫洞的人，就是在不同的历史空间，把它能够对应起来。

他写的这个《乾隆十三年》，我一看时间是1748年，正好是二百年以后我出生。如果把二百年以前的那种社会生态设想成一个图的话，跟今天中国、现代中国的社会生态、社会形态，这两个图叠加一下，一对比，就看出他讲的所谓“十八世纪是二十世纪的先声”的这句话是有道理的，很多问题有共同性。所以，我说第一个看出他是高人，就是找到虫洞了。

第二个观点，选择乾隆十三年……我们今天的中国实际上还处于这个大变局之中，这个大变局还没完。这二百年就出这么一个东西。我们回过头去看那时候的乾隆，那时候的情况，到今天还可以有不少可以思考的东西。这是第二个想法。

所以高王凌这本书，我看出他博大精深就在于他已经不是局限于一般的小问题来讲，而是在用心地寻找或者挖掘，在发现中国的东西是什么。他在做这个努力，我觉得这个努力是有生命力的，是随着中国的话语在全世界增加，高王凌的分量在跟着往上涨。

过去西方哲学界发生一个革命性事件，就是胡塞尔，海德格尔现象学，回到事情本身，把很多东西括弧括掉了。现在高王凌用加括弧的办法，什么现代、什么专制都括掉了。就是回到事情本身，属于事情本来有的东西。这个努力开创了整个西方的阐释学、现象学。主要特点就是强调直观。直观直达本质，突破你过去各种概念术语话语体系这一套。我看王凌现在做这个努力有点在历史学界掀起一个现象学革命的劲头，我祝愿他成功。

◎谢志浩：“直到王毅推出《乾隆十三年》，高王凌先生那种籍籍无名的情形，才有所改变。”谢以为，2013 年的第一好书，是高先生的《乾隆晚景》；甚至不妨说，2013 年是高王凌年。

十八世纪的中国已经在现代化，尽管其中有着巨大的曲折，但是通过“乾隆三部曲”我们可以看到，她与二十世纪二十一世纪已然连接起来，不遑多让。她遂成为一个完整的历史。这是高先生“乾隆三部曲”对我们的最大贡献。

谢志浩的《一洗凡马万古空》，称我为第五代学人中“特殊独一人”。这样积极、正面的评论，我还从没遇见过。

参考文献

1. 史料

《清圣祖实录》

《清世宗实录》

《清高宗实录》

《清仁宗实录》

《圣谕广训》

《高宗圣训》

《乾隆起居注》

《雍正朝汉文朱批谕旨汇编》

《宫中档乾隆朝奏折》

《乾隆嘉庆两朝奏议》

《乾隆朝上谕档》

《石渠余纪》

《金川纪略》

《平定金川方略》

《清史稿》

《清通鉴》

《大清会典事例》

《清史列传》

《清朝文献通考》

《南巡盛典》

《兖州府志》

《仁寿县志》

《达州志》

《遵义府志》

［明］徐光启:《农政全书》

［清］张廷玉:《澄怀园文存》

［清］赵翼:《皇朝武功纪盛》

［清］晏斯盛:《推广社仓之意疏》

［清］黄印:《锡金识小录》

［清］萧奭:《永宪录续编》

《史料旬刊》，故宫博物院，1930。

［清］阮元:《畴人传》，商务印书馆，1955。

《四库全书总目》，中华书局，1965。

［日］(东京)学习院东洋文化研究所:《朝鲜李朝实录中的中国史料》(第11册)，1965。

［清］方苞:《方望溪先生全集》，商务印书馆，1911。

《康雍乾时期城乡人民反抗斗争资料》，中华书局，1979。

［清］昭梿:《啸亭杂录》，中华书局，1980。

蒋维明：《川湖陕白莲教起义资料辑录》，四川人民出版社，1980。

［清］龚炜：《巢林笔谈》，中华书局，1981。

［清］吴敬梓：《儒林外史》，人民文学出版社，1981。

［清］崇彝：《道咸以来朝野杂记》，北京古籍出版社，1982。

［清］李光庭：《乡言解颐》，中华书局，1982。

［俄］尼古拉·班特什－卡缅斯基：《俄中两国外交文献汇编》，商务印书馆，1982。

韦庆远：《档房论史文编》，福建人民出版社，1983。

许道夫：《中国近代农业生产及贸易统计资料》，上海人民出版社，1983。

［清］陈康祺：《郎潜纪闻》，中华书局，1984。

［清］徐珂：《清稗类钞》，中华书局，1984。

《清代文字狱档》，上海书店出版社，1986。

［清］孙诒让：《周礼正义》，中华书局，1987。

［清］陈其元：《庸闲斋笔记》，中华书局，1989。

张书才：《雍正朝汉文朱批奏折汇编》，江苏古籍出版社，1989。

陈振汉等：《清实录经济史资料》（农业编第一分册），北京大学出版社，1989。

［清］郑光祖：《一斑录杂述》，中国书店，1990。

中国第一历史档案馆：《满文老档》，中华书局，1990。

［清］贺长龄、魏源等编：《清经世文编》，中华书局，1992。

［清］袁枚：《小仓山房文集》，江苏古籍出版社，1993。

俞炳坤，张书才：《乾隆朝惩办贪污档案选编》，中华书局，1994。

［清］方濬师：《蕉轩随录》，中华书局，1995。

中国第一历史档案馆：《英使马戛尔尼访华档案史料汇编》，国际文化出版公司，1996。

[清] 赵翼：《簷曝杂记》，中华书局，1997。

[清] 法式善：《陶庐杂录》，中华书局，1997。

[清] 姚元之：《竹叶亭杂记》，中华书局，1997。

[清] 张之洞：《书目答问二种》，生活·读书·新知三联书店，1998。

[清] 全祖望：《全祖望集汇校集注》，上海古籍，2000。

[清] 李慈铭：《越缦堂读书记》，上海书店出版社，2000。

[清] 赵慎畛：《榆巢杂识》，中华书局，2001。

2. 图书

[美] 亚历山大·伍德赛德：《越南和中国模式》，剑桥大学出版社，1971。

[美] 海斯，穆恩，韦兰：《世界史》(中译本)，生活·读书·新知三联书店，1975。

梁方仲：《中国历代户口、田地、田赋统计》，上海人民出版社，1980。

[美] 王业键：《中国近代货币与银行的演进》，“中央研究院”经济研究所，现代经济探讨丛书第2种，1981。

胡寄窗：《中国经济思想史》，上海人民出版社，1981。

[日] 铃木中正：《乾隆十七年马朝柱的反清运动》，见《明清史国际学术讨论会论文集》，天津人民出版社，1982。

中国人民大学清史研究所、档案系中国政治制度史教研室：《清代的矿业》，中华书局，1983。

许涤新，吴承明：《中国资本主义发展史》（第1卷），人民出版社，1985。

吴承明：《中国资本主义与国内市场》，中国社会科学出版社，1985。

萧一山：《清代通史》，中华书局，1986。

庄吉发：《清高宗十全武功研究》，中华书局，1987。

方豪：《中国天主教史人物传》，中华书局，1988。

［美］孔飞力：《从乾隆档案研究“封建专制”》，见《明清档案与历史研究论文集》，中华书局，1988。

［英］保罗·肯尼迪：《大国的兴衰》，求实出版社，1988。

费孝通，吴晗：《皇权与绅权》，天津人民出版社，1988。

［美］余英时：《中国思想传统的现代诠释》，江苏人民出版社，1989。

张晓棠：《乾隆年间清政府平衡财政之研究》，见《清史研究集》（第七辑），光明日报出版社，1990。

周远廉：《乾隆皇帝大传》，河南人民出版社，1990。

郭成康，林铁钧：《清朝文字狱》，群众出版社，1990。

［法］布罗代尔：《15~18世纪的物质文明、经济和资本主义》，生活·读书·新知三联书店，1992。

戴逸：《乾隆帝及其时代》，中国人民大学出版社，1992。

成崇德：《十全武功》，见《乾隆皇帝全传》，学苑出版社，1994。

刘凤云：《乾纲独断》，见《乾隆皇帝全传》，学苑出版社，1994。

唐文基，罗庆泗：《乾隆传》，人民出版社，1994。

［法］阿兰·佩雷菲特：《停滞的帝国——两个世界的撞击》（中译本），生活·读书·新知三联书店，1995。

［法］费赖之：《在华耶稣会士列传及书目》，冯承钧译，中华书局，

1995。

［美］艾尔曼：《从理学到朴学》（中译本），江苏人民出版社，1995。

高王凌：《十八世纪中国的经济发展和政府政策》，中国社会科学出版社，1995。

高翔：《康雍乾三帝统治思想研究》，中国人民大学出版社，1995。

［法］容振华：《在华耶稣会士列传及书目补编》，耿昇译，中华书局，1995。

许指严：《南巡秘纪》，上海书店出版社，1997。

［英］斯当东：《英使谒见乾隆纪实》，上海书店出版社，1997。

［美］王国斌：《转变的中国——历史变迁与欧洲经验的局限》，江苏人民出版社，1998。

［美］艾尔曼：《经学、政治和宗族——中华帝国晚期常州今文学派研究》，江苏人民出版社，1998。

《18世纪的中国与世界》，辽海出版社，1999。

二月河：《乾隆皇帝》，河南文艺出版社，1999。

高王凌：《中国传统经济的发展序列》，见《经济发展与地区开发》，海洋出版社，1999。

彭明，程歗：《近代中国的思想历程》，中国人民大学出版社，1999。

［德］弗兰克：《白银资本》，刘北成译，中央编译出版社，2000。

李伯重：《江南的早期工业化》，社会科学文献出版社，2000。

李景屏，康国昌：《乾隆、和珅与刘墉》，台湾知书房出版社，2000。

张五常：《佃农理论》，中信出版社，2000。

高翔：《近代的初曙：18世纪中国观念变迁与社会发展》，社会科学文献出版社，2000。

郭成康：《清史编年》（卷5），中国人民大学出版社，2000。

［美］罗威廉：《救世——陈宏谋与十八世纪中国的精英意识》，斯坦福大学出版社，2001。

钱穆：《中国历代政治得失》，生活·读书·新知三联书店，2001。

萧公权：《中国政治思想史》，辽宁教育出版社，2001。

葛兆光：《中国思想史》，复旦大学出版社，2001。

［美］何伟亚：《怀柔远人：马戛尔尼使华的中英礼仪冲突》（中译本），社会科学文献出版社，2002。

钱穆：《宋代理学三书随劄》，生活·读书·新知三联书店，2002。

高王凌：《叫魂案之前因后果》，见《政府作用和角色问题的历史考察》，海洋出版社，2002。

［美］亚历山大·伍德赛德等：《剑桥中国清代前中期史》，剑桥大学出版社，2003。

孙喆：《康雍乾时期舆图绘制与疆域形成研究》，中国人民大学出版社，2003。

李景屏：《乾隆王朝真相》，农村读物出版社，2003。

南怀瑾：《原本大学微言》，复旦大学出版社，2003。

郭成康：《乾隆大帝》，中国华侨出版社，2003。

阎宗临：《传教士与法国早期汉学》，大象出版社，2003。

梁启超：《清代学术概论》，蒋方震《序》，天津古籍出版社，2003。

［法］魏丕信：《18世纪中国的官僚制度与荒政》（中译本），江苏人民出版社，2003。

马西沙，韩秉方：《中国民间宗教史》，中国社会科学出版社，2004。

白新良：《乾隆皇帝传》，百花文艺出版社，2004。

[美] 余英时:《朱熹的历史世界》，生活·读书·新知三联书店，2004。

林乾:《中国古代权力与法律》，中国政法大学出版社，2004。

钱穆:《读康南海〈欧洲十一国游记〉》，《中国学术思想史论丛》，安徽教育出版社，2004。

[美] 詹姆斯·C. 斯科特:《国家的视角》(中译本)，社会科学文献出版社，2004。

刘心武:《刘心武揭秘〈红楼梦〉》，东方出版社，2005。

孙文良，张杰，郑永川:《乾隆帝》，江苏教育出版社，2005。

杜润生:《杜润生自述：中国农村体制变革重大决策纪实》，人民出版社，2005。

李零:《避暑山庄和甘泉宫》，见《花间一壶酒》，同心出版社，2005。

[法] 杜赫德:《耶稣会士中国书简集：中国回忆录》(第 4 卷)，大象出版社，2005。

钱穆:《中国历史研究法》，生活·读书·新知三联书店，2005。

钱穆:《秦汉史》，生活·读书·新知三联书店，2005。

高王凌:《活着的传统》，北京大学出版社，2005。

高王凌:《租佃关系新论——地主、农民和地租》，上海书店出版社，2005。

[美] 曾小萍:《州县官的银两：十八世纪中国的合理化财政改革》，董建中译，中国人民大学出版社，2005。

[美] 韦思谛:《中国大众宗教》(中译本)，江苏人民出版社，2006。

[美] 伊罗生:《美国的中国形象》(中译本)，中华书局，2006。

[美] 余英时:《钱穆与现代中国学术》，广西师范大学出版社，2006。

[英]罗伯茨:《十九世纪西方人眼中的中国》,中华书局,2006。

罗检秋:《嘉庆以来汉学传统的衍变与传承》,中国人民大学出版社,2006。

[美]罗斯:《变化中的中国人》(中译本),中华书局,2006。

[澳大利亚]邓海伦:《试论留养资送制度在乾隆朝的一时废除》,载《天有凶年——清代灾荒与中国社会》,生活·读书·新知三联书店,2007。

[英]约翰·巴罗:《我看乾隆盛世》,北京图书馆出版社,2007。

孟森:《孟森讲清史》,东方出版社,2007。

汪晖:《重读〈孟子字义疏证〉》,《清华历史讲堂初编》,生活·读书·新知三联书店,2007。

史媛媛:《清代前中期新闻传播史》,福建人民出版社,2008。

唐德刚:《梅兰芳传稿》,见《五十年代的尘埃》,中国工人出版社,2008。

黄爱平:《从清代档案看雍正乾隆时期福建地区的传教与禁教》,见《西学与清代文化》,中华书局,2008。

[美]韩书瑞:《山东叛乱》(中译本),江苏人民出版社,2008。

吕思勉:《史学与史籍七种》,上海古籍出版社,2009。

王宏钧:《乾隆南巡图研究》,文物出版社,2010。

刘凤云,刘文鹏:《清朝的国家认同》,中国人民大学出版社,2010。

3. 论文

王英华:《清前中期(1644—1855年)治河活动研究——清口一代黄淮运的治理》,中国人民大学博士论文,2003。

魏淑民:《乾隆朝粮政事件的再探讨》(中国人民大学硕士论文),2004。

苗华国:《陆燿经世思想研究》,中国人民大学硕士论文,2007。

赵志强:《乾隆巡幸盘山浅析》,中国人民大学硕士论文,2008。

申妙:《养民——乾隆初期粮政决策》,中国人民大学硕士论文,2011。

宋玥:《陈宏谋的三大案》,中国人民大学硕士论文,2011。

[美]王业键:《清代的粮价陈报制度》,(台北)《故宫季刊》,第13卷,1978:1。

高王凌:《十八世纪中国人口的增长和清政府的农业经济对策》(1981年第一次全国清史讨论会论文),《未定稿》,1982:32。

高王凌:《关于〈清代人口研究〉的几点质疑》,《中国社会科学》,1982:4。

王国斌:《清代的粮食骚乱》,《亚洲研究学刊》,第41卷第4期,1982:8。

高王凌:《清代人口研究述评》,《清史研究通讯》,1983:2。

高王凌:《清代初期中国人口的估算问题》,《人口理论与实践》,1984:2。

高王凌:《关于明代的田赋改征》,《中国史研究》,1986:3。

高王凌:《一个理想的追求——十八世纪中国政府的经济政策》,《知识分子》(美),1987:秋季号。

王道瑞:《清代粮价奏报制度的确立及其作用》,《历史档案》,1988:4。

张芳:《乾隆皇帝和海塘》,《中国农史》,1990:1。

王国斌,濮德培:《18世纪湖南的粮食市场与粮食供给》,《求索》,

1990：3。

《正蓝旗满洲都统盛安为请行限田之法事奏折》，《乾隆初年议奏限田史料》，《历史档案》，1993：3。

《直隶总督高斌为限田之法窒碍难行应无庸议事奏折》，《乾隆初年议奏限田史料》，《历史档案》，1993：3。

军机处录副奏折——巡视河东盐政吉庆："奏请禁止官商收买盐田之例以清积弊事"，档号 03-0611-035，《历史档案》，1993：3。

［美］罗威廉：《政府与土地——1723—1737 年广西开垦研究》，《清史研究》，1994：1。

高王凌：《明清时期的中国人口》，《清史研究》，1994：3。

郭成康：《18 世纪后期中国贪污问题研究》，《清史研究》，1995：1。

胡国台：《皇权、官僚和社会秩序——清代乾隆朝张洪舜兄弟盗案研究》，《"中央研究院"近代史研究所集刊》，1996：25。

《大清皇帝南巡始末闻书》，《清史研究》1997：3。

［美］罗伯特・恩特曼：《安德列斯・雷在四川西部的第一次金川战争 1747—1749》，《中西文化关系杂志》，1997：19。

孙喆：《清前期蒙古地区的人口迁入及清政府的封禁政策》，《清史研究》，1998：2。

胡明辉：《十八世纪在近现代中国史的枢纽位置》，《近代中国史研究通讯》，第 32 期，2001：9。

李景屏：《传教士、天文历法与清前期钦天监》，西学与清代文化国际学术讨论会论文，2006。

周积明，雷平：《清代学术研究若干领域的新进展及其述评》，《清史研究》，2006：3。

高王凌：《刘松龄：最后的耶稣会士》，《中国文化研究》，2006：4。

高王凌：《十八世纪，二十世纪的先声》，《史林》，2006：5。

和卫国：《乾隆前期纳谷捐监研究》，《明清论丛》，2006：7。

高王凌：《18 世纪经世学派》，《史林》，2007：1。

和卫国：《从广西捐垦案看清代垦政》，《清史研究》，2007：4。

张勉治：《马背上的朝廷》，引自卫周安《新清史》，《清史研究》，2008：1。

高王凌：《刘松龄笔下的乾隆十三年》，《清史研究》，2008：3。

高王凌：《清朝统治的满洲特性》，2010 年 2 月伦敦大学亚非学院“满族历代社会与宗教”研讨会论文。

高王凌：《人口众多之我观》，《读书》，2010：5。

高王凌：《从清代农业政策看当代农村变革》，《炎黄春秋》，2011：5。

高王凌，熊月剑：《宗教与科学的双重失败》，《中州学刊》，2012：1。

编后记

史家唯一人：高王凌先生

高王凌先生，一位大家可能还不太熟悉的历史学家。正如他生前好友唐晓峰、刘北成评价的那样，“参透天庭，呼吸民气，特立独行，新见迭出，史家唯一人”，他的确是一位能在孤独、寂寞中实现自我的史家。斯人已去，精神长存。时间虽然会无情地流逝，但真正的学者用一生给人间留下的思想财富，不仅不会消逝，反而会随着时间的推移，如同陈年佳酿一样，历久愈香。在“乾隆三部曲”出版前夕，作者高王凌先生逝世的消息传来，不胜痛惜！本书编辑据各种资料（和卫国：《史家独唱——怀念恩师高王凌教授》，首发于《澎湃新闻》。在此一并感谢和卫国、《澎湃新闻》等为此文付出的心血），整理此文，以示纪念！

高王凌（1950—2018），北京人，历史学家。山西大学历史系本科，中国人民大学清史研究所硕士研究生。1981 年毕业后于中国人民大学清史所从事研究和教学工作。历任讲师、副教授、教授，后曾任清华大学历史系特聘教授。

高王凌一生潜心学术，成果丰硕，已出版作品：《十八世纪中国的经济发展和政府政策》（后以《活着的传统：十八世纪中国的经济发展和政府政策》再版）、《经济发展与地区开发：中国传统经济的发展序列》《政府作用和角色问题的历史考察》《人民公社时期中国农民“反行为”调查》《租佃制度新论——地主、农民和地租》《乾隆十三年》《马上朝廷》《乾隆晚景》《中国农民反行为研究》《统购统销之谜》《在清华大学讲土地关系（文献篇）》《在清华大学讲土地关系（口述篇）》《超越史料学派》等十余部，发表学术论文百余篇。

高王凌是中国人民大学清史研究所的“黄埔一期”。他的专业方向是清代经济史。其成名代表作《十八世纪中国的经济发展和政府政策》，对十八世纪乃至清代耕地数字、人口数字、人口控制、粮食流通、棉业历史、农业发展等问题进行了深入研究，梳理出了中国传统经济的发展序列。同时，以经济史为基础，对十八世纪特别是乾隆朝垦政、农政、粮政进行深入研究，兼及矿政、河政等众多领域，进而对乾隆朝政治中追求“回复三代”和“爱民、养民、足民”的政治理念进行了系统考察（具体亦可详见“乾隆三部曲”之《乾隆十三年》《马上朝廷》《乾隆晚景》）。

尽管高王凌的专业是经济史，但他却反复强调清史研究应该以政治史挂帅，所以他打破藩篱，将经济史与政治史、思想史乃至社会史结合起来，走出了一条从国家（“大政府”）的视角观察清代历史发展变迁的学术路径。

高王凌的研究很早就受到国外学界的关注，先后赴美国、意大利、德国、奥地利、斯洛文尼亚、法国、英国等多处大学、科研机构访问和参加学术活动。曾任路思（LUCE）基金学者（美国哥伦比亚大学）；获福特（FORD）基金会资助，研究中国农村改革及相关历史问题；参加中国—斯洛伐克科学合作项目，研究乾隆朝钦天监监正、传教士刘松龄；作为法国高等研究院高级访问学者赴法国讲学。

高王凌赴美国开展学术活动期间，与众多学术界名家，如黄仁宇、魏斐德、何炳棣、施坚雅、费维恺、孔飞力、罗威廉、王业键、曾小萍、赵冈等，建立了良好的学术关系和私人友谊。回国后他还与黄仁宇、魏斐德、何炳棣、王业键、曾小萍、赵冈等人保持了多年的书信往来，互致问候，切磋学术，畅叙友情。这些经历，见证了高王凌和国外学界交往之深广。

在中外学术交流中，高王凌作为重要的参与者和组织者，发起成立了中国留美历史学会。对此，美国宾州印第安纳大学历史系王希教授这样评价高王凌："高王凌教授在中国近代史领域的重要贡献，众所周知，但很多人不一定知道他在三十一年前作出的另外一个重要贡献——发起和创办中国留美历史学会（The Chinese Historians in the United States, Inc.）。1986—1987 年，他利用在哥伦比亚大学做路思学者期间，怀抱热情与理想，克勤克俭，筹集资金，联系历史学人。在他的努力和引领之下，历史学会于 1987 年 9 月得以创办和成立，为上百位留美历史学人提供了一个极为重要的专业组织平台。三十多年过去了，学会的许多成员已经成长起来，在中美学术界扮演重要的角色，其专业期刊《*The Chinese Historical Review*》也开始享誉欧美学界，这一切都与高王凌教授当年极有远见、并极富创造性的努力是分不开的。作为当年他创办学会活动的同事和见证人，尤其铭记他对历史学会所作出的贡献。”

这就是当年高王凌在美国的足迹，他的努力和付出已经结出了累累硕果，并影响深远。若就此而论，高王凌已足以堪称是我国改革开放以后较早与国外学术界成功建立学术交流关系、推动中外学术发展的一代学人的重要代表。

一个时期以来，在人们摒弃宏观叙事，史学研究日趋碎片化和狭隘化的时候，高王凌的研究却似乎走着不同的道路，那就是放宽研究视野，打通历史经脉。

高王凌虽然是中国人民大学清史研究所教授，但是在清史之外，他还有另一个跨度非常大的研究领域，即新中国成立后的农业发展与农村改革。他幽默地称自己是“全神贯注”于前面一头而内心关切在后头的“一担挑式”研究（其实他的研究重点有三个，即十八世纪、近世地主农民关系和当代农民“反行为”研究，是一以贯之的，下文有述）。高王凌一直认为，这些研究来自二十世纪七十年代他在山西太谷插队和八十年代初他参加农村改革第一人杜润生主持的中国农村发展问题研究组（参与者包括林毅夫、周其仁、白南生等）的农村改革调查等“当身历史”，特别是后者，为他提供了重新认识新中国成立后的农村变革提供了支撑。其间高王凌还以研究清史的视角和成果，为中国农村发展问题研究组的工作提供参考，使得两个领域互相借鉴，相得益彰。高王凌的研究得到了杜润生的充分肯定，1996 年杜老还专门请他协助撰写回忆录——《杜润生自述：中国农村体制变革重大决策纪实》。

高王凌的这种研究跨度，在学术界似乎是个异数，但凭借着“古今两相观照”，他又不期然而然地开始尝试着将历史学与当代社会问题联系起来，把十八世纪以来的人口、粮食、农业、政府政策与政府行为等打通来看，从而建构起了他自己的学术体系，包括史观和史法。

第一，主张对历史“正面观察”，反对“倒霉看反面”。高王凌不同意把我们自己的历史看得黑暗、专制、腐朽，强调应该尊重历史，尊重前人，尊重传统文化的内在特质和历史成就，特别是中国自身的发展逻辑。他对清代以后中国农村改革的内涵进行了正面、贯通考察，发现了传统因素包括家庭经营、农村市场及市场机制等，其实都与后来的中国农村改革有着不可分割的关联。为此，高王凌指出，我们需要正面认识中国文化、发展成就、发展成因、道理及各种问题。2010 年以来，高王凌还分别对“专制主义”“人口压力”及“租佃关系”（从“地租实收率”角度考察）等问题进行了系统反思和研究，提出了一系列让人感到耳目一新的结论。

第二，提倡“贯通古今”，建立了“三百年是一个历史”的“近代史观”。在黄仁宇五百年一个大历史的基础上，高王凌早在美国访学时就提出了“三百年是一个历史”的命题，并在此后进一步加以阐发。他重新审视了中国传统社会的发展轨迹，通过对中国现代化进程的考察，把中国的“现代化”直接追溯到了十八世纪，重点考察了人口增加、政府职能扩张、开拓边疆等中国与世界的三大“共时”现象，发表了《十八世纪，二十世纪的先声》等重要研究成果，实现了中国历史发展的“正面接续”，形成了一种新的“近代史观”。从此，“贯通古今”和“正面观察”一起成为高王凌治学的重要方法，他甚至强调“不但来回观察，必要时还须反复贯通”。

第三，建构了中国农民“反行为”理论，对中国农村改革进程重新进行了阐释。高王凌一直强调这个研究得益于杜润生，是他和杜老合作的成果。这项研究，一反过去集体化研究侧重领导层决策过程及其实施的做法，从农民行为来看集体经济时代，近距离考察集体化时代农民的日常反应和日常行为。经过调查和研究，高王凌提出，对于政府的制度规定，“反行为”虽带有一种“反”的意味；但“反”不一定是“造反”，也不是暴力反抗，它毋宁说是一种“软行为”（也可以说是“阴柔”的行为）。

“反行为”主要表示的是一种“反过来”的行为，是日常生活中秘密的、静悄悄的、带有很大的欺骗性的、不易为人觉察的行为。同时，“反行为”还是一种抵制行为，如针对上级布置的生产计划，采取“压产”“限产”等措施，然后另来一套；它又是一种规避行为，如针对农业社的集体劳动，采取“磨洋工”等办法，来对付之；它是一种变通行为，如采取多留“自留地”“口粮田”，以致“包产到户”等一系列“上有政策下有对策”的办法，以达到自己的目的；它还是一种侵蚀行为，这就是针对“集体”的劳动果实，采取“瞒产私分”“偷拿”“借粮”等办法，悄悄地把一部分生产所得拿到自己手里。在高王凌看来，这种“反行为”不同于斯科特《弱者的武器》中处于边缘的农民行为，而是对中国历史发展进程产生了根本性影响的行为。

为此，高王凌提出了中国农民并不是通过反抗，而是通过“蔫拱”，拱出了“包产到户”改革的结论。“反行为”理论的提出，转变了以往“自上而下”考察集体化时期农民行为和政府政策的做法，自下而上并上下互观地重新考察了“包产到户”和二十世纪七十年代末农村改革的产生和演变，为我们重新认识这场伟大变革的深层推动力和国家政策发展演变的现实逻辑提供了重要参考。

第四，强调学术研究应有经世济民情怀。高王凌说，历史学的主要任务是“看病”，但一般不能“治病”。同时，要探索求真，不要放弃敏锐的头脑（他特别强调不要忘了“敏而好学”中的“敏”字），要谨记“汝为君子儒，无为小人儒”，不要做一个孔夫子最不齿的“乡愿”。高王凌喜欢钱穆先生对“君子儒”和“小人儒”的阐释，并进一步指出，“如果你一辈子做学问，只是为稻粱谋，无关社会大众国计民生之痛痒，那就算了，别来备选了（当然不妨碍你当某学科的专家教授）”。因此，高王凌在清史研究中特别关注经世之学，曾组织开展对陆世仪《思辨录辑要》、陆燿《切问斋文钞》、魏源《皇朝经世文编》的系统研究，梳理明末清初经世派以后的经世理路，发表了《18 世纪经世学派》等文章，积极建构起“十八世纪经世学派”的理论框架。

同时，高王凌关注“三农”问题，在对租佃关系、土地改革及土地关系、农业集体化、统购统销等问题的研究中，特别关注农民境遇和农村发展变革，这是他对农民的深层理解和同情。2010 年新华社《资本故事》栏目对他进行专访，当被问及是什么因素推动他开展农村研究时，高王凌明确回答：是“人民大众”，也就是对民生的深切关怀。这是高王凌作为一代学人的时代担当。

第五，倡导学术研究要重视自己的“当身历史”。“当身历史”一词，来源于高王凌对钱穆先生一句话的理解，简单说就是一个人自己的生活历程或自己的个人历史。他赞成钱穆先生从“现时代中找问题”、在“过去时代中找答案”的观点。反观高王凌的研究，无论是清史研究中的人口、开垦、粮政、多种经营、农村工业等问题，还是农村改革中的统购统销、农业集体化、农民“反行为”等，无不来源于其生活经历即“当身历史”，是从“当身历史”中获得灵感、产生兴趣，继而开展调查、研究的。

第六，坚持治学要有自信心和独立性，反对盲目跟从。高王凌曾说：你最好有一个发现发明，不管是不是叫“理论”或别的什么。在这方面，不可以一味崇洋媚外，做什么从理论到理论的“闻香族”。他还强调：做学问要“不奴颜、不折腰、不媚俗、不说那首鼠两端的话，不做孔夫子最憎恶的乡愿。这都是我们的道德责任，做学问是有立场的，我们提倡的是解决问题，不是虚假的理论，而是实实在在的东西”。

正是以此为出发点，高王凌在治学中强调基础研究的同时，注重理论的建构，特别提出了具有本土特色的中国传统经济发展序列、十八世纪经世学派、中国农民“反行为”等一系列理论或命题。当然，他不是盲目排外、故步自封的学者。他在很多情况下推崇并得益于黄仁宇、魏斐德、孔飞力、施坚雅、斯科特等海外学者的相关研究。他最看重的“反行为”研究也深受法国社会学者的影响。

第七，注重学术研究的“历史感”。历史感就是研究中的“直觉”“洞察力”和“感悟”。高王凌很注重研究中的精心考据，也并不反对研究中的理论，但同时又特别欣赏清代史学家章学诚提倡的“性灵”“神解精识”，认为“如果说我们史学也有我们的理论，那就是一些‘实打实’的解释……跟社会科学那种‘先导性’的理论不同”，强调要注重“一念”，注重利用自己的“直觉”（甚至是顿悟）去发现问题。高王凌多次讲到，自己对农民“反行为”、统购统销问题的研究就是凭借这种感觉发现的。但同时他又反对浅尝辄止，动不动假设历史发展逻辑的“虚妄史观”（他又称作“IF 理论”）。

回头看看高王凌先生的建树，虽然评定一个历史学家的标准多种多样，但是一位从事史学研究的学者，在其成果体系中，既有微观探讨，更有史观建构，既有精细考据，又有理论体系，既有学术研究，还有浓浓的现实关怀，加之对中外学术交流的特殊贡献，据此完全可以称他为一位合格的历史学家。

十八世纪纪元对照表

年号纪年	公历纪年	年号纪年	公历纪年	年号纪年	公历纪年
康熙三十九年	1700年	雍正十二年	1734年	乾隆三十三年	1768年
康熙四十年	1701年	雍正十三年	1735年	乾隆三十四年	1769年
康熙四十一年	1702年	乾隆元年	1736年	乾隆三十五年	1770年
康熙四十二年	1703年	乾隆二年	1737年	乾隆三十六年	1771年
康熙四十三年	1704年	乾隆三年	1738年	乾隆三十七年	1772年
康熙四十四年	1705年	乾隆四年	1739年	乾隆三十八年	1773年
康熙四十五年	1706年	乾隆五年	1740年	乾隆三十九年	1774年
康熙四十六年	1707年	乾隆六年	1741年	乾隆四十年	1775年
康熙四十七年	1708年	乾隆七年	1742年	乾隆四十一年	1776年
康熙四十八年	1709年	乾隆八年	1743年	乾隆四十二年	1777年
康熙四十九年	1710年	乾隆九年	1744年	乾隆四十三年	1778年
康熙五十年	1711年	乾隆十年	1745年	乾隆四十四年	1779年
康熙五十一年	1712年	乾隆十一年	1746年	乾隆四十五年	1780年
康熙五十二年	1713年	乾隆十二年	1747年	乾隆四十六年	1781年
康熙五十三年	1714年	乾隆十三年	1748年	乾隆四十七年	1782年
康熙五十四年	1715年	乾隆十四年	1749年	乾隆四十八年	1783年
康熙五十五年	1716年	乾隆十五年	1750年	乾隆四十九年	1784年
康熙五十六年	1717年	乾隆十六年	1751年	乾隆五十年	1785年
康熙五十七年	1718年	乾隆十七年	1752年	乾隆五十一年	1786年
康熙五十八年	1719年	乾隆十八年	1753年	乾隆五十二年	1787年
康熙五十九年	1720年	乾隆十九年	1754年	乾隆五十三年	1788年
康熙六十年	1721年	乾隆二十年	1755年	乾隆五十四年	1789年
康熙六十一年	1722年	乾隆二十一年	1756年	乾隆五十五年	1790年
雍正元年	1723年	乾隆二十二年	1757年	乾隆五十六年	1791年
雍正二年	1724年	乾隆二十三年	1758年	乾隆五十七年	1792年
雍正三年	1725年	乾隆二十四年	1759年	乾隆五十八年	1793年
雍正四年	1726年	乾隆二十五年	1760年	乾隆五十九年	1794年
雍正五年	1727年	乾隆二十六年	1761年	乾隆六十年	1795年
雍正六年	1728年	乾隆二十七年	1762年	嘉庆元年	1796年
雍正七年	1729年	乾隆二十八年	1763年	嘉庆二年	1797年
雍正八年	1730年	乾隆二十九年	1764年	嘉庆三年	1798年
雍正九年	1731年	乾隆三十年	1765年	嘉庆四年	1799年
雍正十年	1732年	乾隆三十一年	1766年	嘉庆五年	1800年
雍正十一年	1733年	乾隆三十二年	1767年		

乾隆十三年

作者　高王凌
ISBN 978-7-5204-0719-9
定价：49.00 元

马上朝廷

作者　高王凌
ISBN 978-7-5204-0720-5
定价：49.00 元

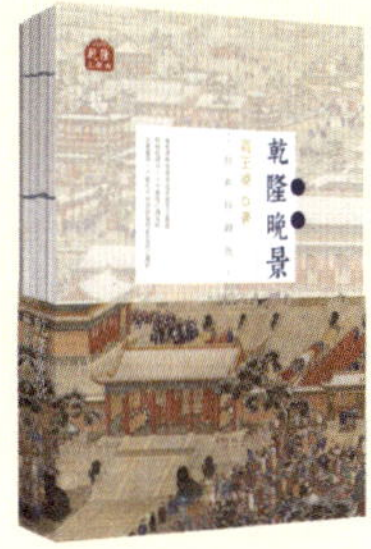

乾隆晚景

作者　高王凌
ISBN 978-7-5204-0721-2
定价：49.00 元

地图里的兴亡：秦，从部落到帝国（上）

作者　风长眼量
ISBN 978-7-5031-8658-5
定价：39.00 元

地图里的兴亡：秦，从部落到帝国（下）

作者　风长眼量
ISBN 978-7-5031-8659-2
定价：39.00 元

地图里的兴亡：秦，从部落到帝国

作者　风长眼量
定价：78.00 元

地图里的兴亡：三家分晋，烽火中原（上）

作者　风长眼量
ISBN 978-7-5031-8842-8
定价：39.00 元

地图里的兴亡：三家分晋，烽火中原（下）

作者　风长眼量
ISBN 978-7-5031-8843-5
定价：39.00 元

地图里的兴亡：三家分晋，烽火中原

作者　风长眼量
定价：78.00 元

地图上的日本史

作者　樱雪丸　萧西之水
ISBN 978-7-5031-8698-1
定价：39.00 元

中国历代战争之汉末烽烟

作者　沈忱　何昆
ISBN 978-7-5031-8583-0
定价：39.00 元

中国历代战争之两宋烽烟

作者　夜狼啸西风
ISBN 978-7-5031-8608-0
定价：39.00 元

伟大的八千米

作者 李国平

ISBN 978-7-5204-0173-9

定价：398.00 元

孤影八千

作者 李国平

ISBN 978-7-5204-0142-5

定价：68.00 元

喜马拉雅孤

作者 李国平

ISBN 978-7-5204-0239-2

定价：68.00 元

行走在心灵之间

作者 周小媛

ISBN 978-7-5031-8357-7

定价：39.00 元

一生痴恋去大理

作者 黄橙

ISBN 978-7-5031-9535-8

定价：48.00 元

遇见喜马拉雅

作者 李国平

ISBN 978-7-5031-9352-1

定价：46.00 元

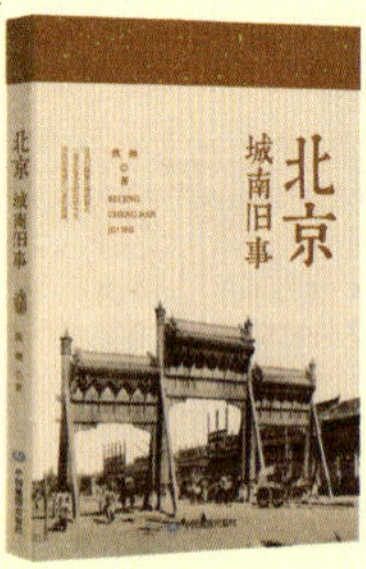

北京：城南旧事

作者 洪烛

ISBN 978-7-5031-7167-3

定价：32.00 元

北京：皇城往事

作者 洪烛

ISBN 978-7-5031-8497-0

定价：32.00 元

中国美食：舌尖上的地

作者 洪烛

ISBN 978-7-5031-8419-2

定价：32.00 元

西岭雪：走一步看一步

作者 西岭雪

ISBN 978-7-5031-8048-4

定价：46.00 元

欧洲不远：101 天行走欧洲

作者 张启新 刘航舶

ISBN 978-7-5031-9196-1

定价：39.00 元

藏品·藏家·藏趣

作者 张春岭

ISBN 978-7-5031-7910-5

定价：39.00 元

微信扫一扫，可直接比价购买！